MW00879878

101 CONSEJOS Y ESTRATEGIAS DE FACEBOOK
MARKETING PARA TU EMPRESA

Por Lasse Rouhiainen

www.101fb.es

Copyright © 2016 by Lasse Rouhiainen

Todos los derechos reservados.

No se permite la reproducción total o parcial de este libro, ni su almacenamiento en un sistema informático, ni su transmisión en cualquier forma o por cualquier medio electrónico, mecánico, fotocopia u otros métodos, sin el permiso previo y por el escrito del autor.

ISBN – 13: 978-1532917004

ISBN – 10: 1532917007

SUSCRÍBETE PARA OBTENER INFORMACIÓN SOBRE EL CURSO ONLINE

¿Quieres conocer todas las estrategias y técnicas de Facebook marketing? ¿Te gustaría interactuar y compartir tus experiencias aprendidas en este libro con otros emprendedores?

Suscríbete ahora para obtener información sobre el curso online y sobre la comunidad de Facebook relacionado con el contenido de este libro. Los constantes cambios de Facebook ofrecen grandes oportunidades para las empresas y emprendedores y por eso he creado un curso online llamado *Ecosistema FB* donde puedes aprender además de todo lo relacionado con el libro, más técnicas adicionales que no se mencionan en este libro.

Si estás interesado, suscríbete ahora en www.101fb.es para obtener más detalles.

Así mismo, me gustaría leer tus comentarios sobre el libro. Puedes compartir tus comentarios y fotos en Facebook e Instagram utilizando la etiqueta #101fb.

Íncide

CAPÍTULO 7

CAPÍTULO 8

CAPÍTULO 9

CAPÍTULO 1

MARKETING DIGITAL Y ESTRATEGIAS DE MARKETING EN FACEBOOK

Has visto estos números tan impresionantes del Ecosistema de Facebook?

- Facebook: 1.59 mil millones de usuarios activos mensuales.
- WhatsApp: más de 1 mil millones de usuarios activos mensuales.
- Facebook Messenger: más de 800 millones de usuarios activos mensuales.
- Instagram: más de 400 millones de usuarios activos mensuales.

Todos estos servicios son propiedad de Facebook, y todos ellos forman el ecosistema de marketing de Facebook que te permite acceder a un total de 3.79 mil millones de usuarios.

En este primer capítulo vamos a ver algunas tendencias de marketing digital y marketing en Facebook que están afectando la manera en que las empresas hacen negocios hoy en día. Las cinco primeras están relacionadas con el marketing digital en general y las últimas cinco están relacionadas con Facebook.

Estas 10 tendencias y estrategias sirven de introducción y en los capítulos siguientes encontrarás consejos más detallados y otras estrategias relacionadas con ellas.

TENDENCIAS DE MARKETING DIGITAL

1. CÉNTRATE EN EL EMBUDO DE COMPRAS DE TUS CLIENTES

Hace tiempo sólo era necesario publicar información en tu periódico local para que la gente conociera tus productos y servicios. Hoy en día, las empresas prósperas necesitan analizar y crear un embudo de compras para los clientes, que también se conoce como embudo de ventas.

La Figura 1.1 ilustra este punto. Muestra un ejemplo de embudo de ventas donde se exponen tres niveles diferentes por los que pasan los clientes antes de comprar tu producto.

- **Visitantes - Personas que ven tu contenido o información:** Estas personas pueden haber visto tu anuncio en Facebook, pero no están actuando porque es la primera vez que han visto algo de tu empresa y necesitan más información para poder pasar a la siguiente fase.

- **Clientes potenciales - Personas que se han interesado pero que todavía no están preparadas para comprar:** Estas personas están comparando diferentes opciones y normalmente necesitan más interacción para poder confiar en tu empresa.

- **Clientes - Personas que compraron tu producto:** Tu tarea es identificar qué características especiales tienen, para dirigirte a este tipo de personas a través de tus promociones en Facebook, y para comunicarte con ellos y conseguir que recomienden tu producto a sus amigos.

Figura 1.1: Ejemplo de un embudo de ventas.

Las empresas con productos que tienen unos valores de transacción altos tienden a tener más niveles en sus embudos de marketing, mientras que las compañías que tienen productos con un precio más bajo tienen embudos de venta más sencillos, según se representa en la Figura 1.1.

Un componente central de un embudo de ventas exitoso es el email marketing, porque te permite capturar la información de tus visitantes y mantenerte en contacto con ellos. Conviene segmentar la información del cliente en tu herramienta de email marketing o CRM (herramienta de gestión de relaciones con el cliente) para que sepas cuántas personas tiene tu empresa en cada uno de los niveles del embudo de ventas.

¿CÓMO PUEDES AYUDAR A LOS CLIENTES A PASAR A LA SIGUIENTE FASE DEL EMBUDO DE MARKETING?

Aquí hay una lista de elementos que ayudan a los clientes a moverse más rápido hacia la siguiente fase del embudo y hacia la decisión de compra:

- **Ofrece contenido útil y valioso de forma gratuita:** Este contenido puede adoptar diferentes formatos y necesita ser interesante y relevante para el problema inicial que tiene el cliente.

- **Ofrece más oportunidades para la participación y colaboración:** Los clientes necesitan contar con más oportunidades para comunicarse con tu empresa a través de diferentes plataformas.

- **Genera confianza y credibilidad:** Compartir las experiencias y estudios de casos prácticos de los clientes. Estudia y analiza a tus compradores y pregúntales por qué compraron tus productos, y utiliza esa información para mejorar tu embudo.

- **Haz un seguimiento de los resultados en cada nivel del embudo:** Analiza los resultados en cada nivel del embudo y usa esos datos para mejorar y modificar tu embudo.

2. ACEPTA EL HECHO DE QUE LOS PERÍODOS DE ATENCIÓN DE LOS CLIENTES SON CADA VEZ MÁS CORTOS

El fuerte crecimiento en el uso de dispositivos móviles portátiles y en los estilos de vida digitalizados en general ha cambiado de una manera significativa la forma en que la gente consume contenidos en Internet. Según varios estudios, los intervalos de atención de los clientes son cada vez más cortos y las empresas necesitan adaptar sus estrategias de marketing a esta nueva tendencia.

- **Crea contenido que sea fácil de consumir:** Normalmente esto implica crear un contenido más reducido para que los clientes puedan consumirlo antes de distraerse y dirigirse a otra cosa. Cuando digo contenido me refiero a videos, fotos, GIFs y artículos, por nombrar tan sólo unos cuantos. Un contenido de formato largo todavía encuentra su lugar entre aquellos clientes que ya te conocen a ti y tu empresa, pero para la mayoría de los clientes nuevos potenciales necesitas crear contenido breve e interesante.

- **Haz que el principio de tu contenido sea relevante:** Los primeros párrafos de tu artículo o los últimos 4 segundos de un video son los más importantes, porque necesitas invitar a los clientes para que consuman el resto de tu contenido. Utilizar preguntas al principio del contenido normalmente ayuda a captar la atención de los clientes.

Una estrategia para enfrentarse a los períodos de atención más cortos es crear contenido altamente personalizado y relevante. También es muy importante aprender a analizar los resultados y modificar el contenido de acuerdo con ellos.

En general, el mayor reto ahora mismo es saber cómo captar y mantener la atención de la gente cuando ven tu contenido. Las empresas inteligentes ya están adaptando su contenido teniendo eso en cuenta y tú deberías hacer lo mismo.

3. TEN MÁS PUNTOS DE CONTACTO CON LOS CLIENTES

Tradicionalmente era suficiente para las empresas con tener una página web pero los clientes de hoy en día demandan más compromiso y comunicación mediante diferentes puntos de interacción y distintos contenidos antes de percibir a tu empresa como una empresa de confianza.

Estos puntos de interacción con el cliente también se llaman puntos de contacto, y aquí hay un ejemplo de cómo Facebook permite que los negocios conecten con sus clientes usando puntos de contacto múltiples:

- Imagina que compartes información y contenido con el cliente en tu página de empresa de Facebook.

- Después, el cliente va a Instagram y ve tu nuevo video que está relacionado con el contenido que ya vio en tu página de empresa de Facebook.

- Después, el cliente te enviará un mensaje en WhatsApp o se pondrá en contacto contigo a través del Messenger de Facebook para preguntarte más detalles acerca de tu producto.

Es interesante que todas las plataformas que se mencionan en este ejemplo (Página de Facebook, Instagram, WhatsApp y Messenger de Facebook) pertenezcan al ecosistema de Facebook. Uno de los objetivos de Facebook es crear más herramientas para pequeños negocios para que las empresas puedan generar negocio dentro del ecosistema de Facebook.

4. RECONOCE LA IMPORTANCIA CADA VEZ MAYOR DE LA PUBLICIDAD DE PAGO

En el mundo de hoy en día, los clientes están alejándose de la compra por impulso y quieren saber más de la empresa antes de comprar sus productos. Los clientes están a menudo distraídos, pero se dan cuenta de que tienen capacidad de elección cuando se trata de elegir a qué empresas apoyan, por lo que tienden a necesitar más puntos de interacción (o puntos de contacto) con las empresas a las que compran. La publicidad de pago es la mejor forma de satisfacer estas necesidades.

La publicidad online de pago, y más específicamente, la publicidad a través de Facebook, puede ser una manera excelente de atraer más visitantes, y dirigirse a clientes potenciales que aún no han entrado en contacto con tu marca, y para permanecer en contacto con tus clientes actuales, dándoles a conocer productos y servicios adicionales que pueden resultarles útiles.

Con la publicidad de pago no se trata siempre de hacer una venta. Algunas veces, tan sólo el asegurarse de que el cliente es consciente de lo que tu empresa está haciendo puede aumentar las ventas de una manera indirecta. Con excelentes herramientas como la publicidad de pago a través de Facebook, puedes aumentar el impacto de tu negocio, y expandir tu alcance mediante el uso de contenidos simples. Pocas empresas son capaces de crecer rápidamente sin implementar estrategias de publicidad de pago.

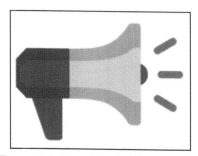

Figura 1.2: La publicidad de Facebook.

Hay costes asociados con la publicidad online, pero la buena noticia es que puedes empezar poco a poco y calcular tus ganancias de una manera bastante fácil.

Facebook está constantemente mejorando sus herramientas, y es muy fácil empezar a usarlas.

Todas las empresas que en la actualidad están a la cabeza de sus industrias están usando publicidad de pago, y muchas de ellas se basan en la publicidad de Facebook. En el mercado moderno, recomendaría que todos los negocios, ya sean nuevos o antiguos, utilicen este método de publicidad para hacer crecer su marca.

5. DATE CUENTA DEL ENORME IMPACTO QUE LA REALIDAD VIRTUAL TENDRÁ EN LOS NEGOCIOS

¿Recuerdas que hace algunos años cuando querías ir a la página de Facebook tenías que utilizar tu ordenador de escritorio para abrir tu cuenta de Facebook? Hoy en día, puedes hacer lo mismo de una forma mucho más rápida abriendo la aplicación de Facebook en tu dispositivo móvil.

Sin embargo, es muy posible que en el futuro para iniciar sesión en Facebook, tengas que utilizar unos auriculares virtuales, que te mostrarán contenido de tus amigos de Facebook de una forma mucho más inmersiva, haciéndote sentir como si estuvieras con ellos en ese mismo momento. Este tipo de experiencias todavía tardarán en llegar, pero es muy probable que suceda.

El fundador y CEO de Facebook, Mark Zuckerberg, está fascinado desde hace tiempo con las posibilidades futuras de la realidad virtual, y en 2014 Facebook compró una compañía de realidad virtual llamada Oculus VR. Su nuevo dispositivo de realidad virtual - Oculus Rift - se vende en tiendas por el precio de $599 USD y se podrá usar en el futuro para un gran número de actividades de marketing.

Actualmente, la realidad virtual es utilizada principalmente en la industria de los juegos, pero en el futuro ofrecerá unas oportunidades increíbles para el entretenimiento, los viajes, el mercado inmobiliario, la industria automovilística, la educación y muchas otras industrias. Hoy en día, las herramientas y programas informáticos para crear y consumir contenido para dispositivos de realidad virtual son todavía bastante caros, pero a medida que los precios vayan bajando, más y más compañías empezarán a usarlos.

Figura 1.3: Realidad virtual.

En este momento, la mayor parte del marketing se está haciendo todavía con imágenes estáticas o videos en 2 dimensiones (la mayoría de los videos que ves en internet son bi-dimensionales), pero Facebook está preparando una oportunidad más inmersiva que permitirá a los consumidores sentir que están en otro lugar cuando lleven puesto un dispositivo de realidad virtual. La realidad virtual ayudará enormemente a las empresas a comunicar los beneficios de sus productos y servicios. Las implicaciones de esto con relación al marketing son enormes y las empresas que se adapten antes obtendrán beneficios considerables.

Además de Facebook, otras grandes empresas de tecnología como Apple, Google y Amazon también están trabajando en la realidad virtual, lo que hará que la adaptación de esta próxima fase tecnológica ocurra mucho más rápido.

TENDENCIAS DE MARKETING EN FACEBOOK

6. APRENDE A APROVECHAR LAS OPORTUNIDADES QUE OFRECE EL ECOSISTEMA DE FACEBOOK

Actualmente, Facebook es la red social de mayor tamaño, sirviendo a más de un millón y medio de usuarios activos cada mes, y posee además otras herramientas de redes sociales, incluyendo Instagram (con 400 millones de usuarios activos), WhatsApp (900 millones de usuarios activos), y el Messenger de Facebook (800 millones de usuarios activos). Cada una de estas herramientas ofrece una forma única y poderosa para que puedas interaccionar y relacionarte con tus clientes potenciales.

Cada una de estas herramientas se tratará en más detalle más adelante en este libro, pero aquí te ofrecemos un resumen del ecosistema de Facebook para empresas:

- **Facebook:** Cualquier negocio que quiera aprovechar las oportunidades de marketing disponibles a través de las redes sociales debería tener una página de empresa de Facebook. El uso adecuado de un perfil personal de Facebook ayuda tremendamente en la creación de una marca personal para los profesionales de un negocio. Además, la publicidad de Facebook ofrece posibilidades ilimitadas para llegar a más clientes.

- **Instagram:** Instagram está creciendo rápidamente y se ha convertido en una poderosa herramienta para servir a las industrias que ofrecen productos visuales. Sus herramientas de publicidad son muy efectivas para todo tipo de negocios.

- **WhatsApp:** Es una herramienta increíble que ofrece la posibilidad de establecer una comunicación personal con los clientes, especialmente cuando éstos quieren conseguir más información antes de decidirse a hacer una compra. Las empresas reconocen que gracias a ella han tenido más éxito a la hora de generar confianza y fidelidad de marca con sus clientes. Sin embargo, es importante no utilizar WhatsApp para enviar mensajes no solicitados o spam.

- **Messenger de Facebook:** Facebook está actualizando constantemente esta herramienta para asegurarse de que optimiza y mejora la comunicación entre las empresas y sus clientes. Puedes utilizarlo para enviar mensajes de texto, video o audio, y esta herramienta continúa en proceso de desarrollo para poder proporcionar soporte a los clientes en el futuro.

Para que tu negocio crezca, la mejor estrategia consistiría en utilizar estas cuatro herramientas simultáneamente. Aunque todas ellas requieren algo de aprendizaje, merece la pena que inviertas tu tiempo y energía en conocerlas. Como algunas de estas herramientas son bastante nuevas, las empresas que exploren e inviertan en estas herramientas desde un principio pueden obtener un margen competitivo sobre otras empresas de su misma industria.

7. APROVÉCHATE DEL CRECIMIENTO EXPLOSIVO DEL VIDEO MARKETING EN FACEBOOK

El video puede ser una herramienta muy efectiva para generar confianza y credibilidad con tus clientes. En muchos casos, los clientes se sienten más cómodos tomando una decisión de compra si han podido ver previamente un video sobre el producto o servicio en cuestión. Antiguamente, los consumidores no tenían tantas oportunidades para ver videos, debido a que las velocidades de conexión a Internet eran lentas, pero ahora las posibilidades del video marketing han aumentado drásticamente, especialmente para los espectadores móviles.

El video marketing a través de Facebook ofrece algunas ventajas únicas:

- **Expande el alcance de tu negocio a través de contenidos en video:** Facebook promociona el contenido de video mucho más que el contenido de carácter más estático, como las fotos o la actualización de estado, permitiendo que los contenidos de video lleguen a más usuarios.

- **Crea una atmósfera de transparencia a través de la transmisión de video en vivo y en directo:** Una de las nuevas herramientas de Facebook es la aplicación de Facebook Mentions, que permite a las empresas publicar videos en directo. Es una manera excelente para que tus clientes vean cómo respondes a preguntas, haces una demostración de un producto, o para que echen un vistazo a tu oficina entre bastidores, creando una sensación de transparencia.

- **Impresiona a los clientes potenciales con exquisitos videos en 360º:** Ofrece a tus clientes una nueva manera de ver tu empresa a través de tu servicio de noticias o newsfeed. Con esta herramienta, el usuario tiene el control del video y puede moverse alrededor de la habitación inclinando y ladeando su teléfono o haciendo clic en cualquier punto desde su ordenador de escritorio. Es un método excelente, especialmente para hoteles y otros negocios con una localización específica, para ofrecer unos efectos visuales formidables.

- **Aumenta las conversiones de ventas gracias a la publicidad en video:** La publicidad en video puede resultar bastante barata y ofrece numerosas posibilidades, incluyendo demostraciones simples de productos y videos testimoniales. Aumentando tu capacidad de alcance y no mucha competencia, puedes aumentar tus ventas de una forma radical si utilizas la publicidad en video de Facebook.

En el futuro, podemos estar seguros de que Facebook lanzará otras herramientas extraordinarias para el video marketing. Ya han incluido la utilización de herramientas creativas de video con dispositivos de realidad virtual como Oculus Rift, y tienen como objetivo convertirse en uno de los sitios más importantes para video marketing en Internet, superando incluso a YouTube. El video es una de las herramientas más poderosas que los publicistas tienen a su disposición ahora mismo, como veremos más adelante en el último capítulo de este libro.

8. NO NECESITAS TENER UNA PÁGINA WEB: APROVÉCHATE DE LAS NUEVAS HERRAMIENTAS DE NEGOCIO DE FACEBOOK

Facebook ha introducido recientemente varias herramientas para ayudar a los negocios a sortear la necesidad de tener una página web tradicional y aprovecharse de las ventas realizadas directamente a través de la red social. Esta es una nueva forma de aproximarse a la publicidad, y las empresas que se encuentran a la vanguardia de esta tendencia pueden generar ventas de maneras muy especiales.

Estas son las cuatro herramientas principales para empresas que ofrece Facebook:

- **Página de empresa de Facebook:** Esta herramienta ya estaba incluida en Facebook desde hace algún tiempo, pero constantemente se están habilitando nuevas funciones. Una página de empresa de Facebook reemplaza la página de inicio tradicional como método primario para los usuarios de Facebook a la hora de interaccionar con un negocio.

- **Canvas de Facebook:** Esta es una herramienta completamente nueva desarrollada por Facebook y que se va a lanzar pronto, probablemente mientras se escribe este libro. Proporcionará herramientas profesionales para ayudar a las empresas a mostrar sus productos. Para saber más, visita *https://canvas.facebook.com.*

- **Publicidad Local de Facebook:** Estos anuncios incluyen una llamada a la acción directa, de forma que los clientes pueden ver un anuncio y responder directamente, solicitando un presupuesto, haciendo una reserva, o llevando a cabo un número de acciones que anteriormente requerían una página web independiente.

- **Servicios Locales de Facebook:** Con esta herramienta, Facebook proporciona una lista de empresas locales para las que los clientes pueden dejar opiniones y comentarios. Es similar a los servicios ofrecidos por Yelp y Google Local, pero ha sido impulsada por Facebook. Conoce más acerca de esta herramienta en *https://www.facebook.com/services.*

Figura 1.4: Captura de pantalla de Facebook Canvas en https://canvas.facebook.com.

Las empresas también pueden comunicarse y relacionarse con sus clientes a través del Messenger de Facebook o de WhatsApp, haciendo que las diferentes capas de la publicidad se den cita en un lugar central, que en última instancia ayudará a aumentar la tasa de conversión de ventas gracias a tus esfuerzos publicitarios.

9. NO NECESITAS TENER UN NÚMERO DE TELÉFONO – SACA PROVECHO DE LAS HERRAMIENTAS DE COMUNICACIÓN CON EL MESSENGER DE FACEBOOK Y EL WHATSAPP

La manera en que los clientes se comunican está cambiando muy rápidamente, a medida que van saliendo nuevas herramientas que permiten interaccionar con sentido de una manera más rápida. Las herramientas de mensajería instantánea para dispositivos móviles han crecido exponencialmente, y junto con ellas, herramientas como el Messenger de Facebook (con más de 800 millones de usuarios) y el WhatsApp propiedad de Facebook (con más de 900 millones de usuarios) están creciendo también.

Estas herramientas son muy útiles porque no necesitan que tengas números de teléfono para tus clientes. Puedes ponerte en contacto con los clientes directamente a través del servicio del Messenger de Facebook, y comunicarte con ellos de muchas otras maneras: Enviando fotos, videos, GIFs, o incluso instrucciones explicando cómo llegar a tu empresa.

Para muchos clientes, se está convirtiendo rápidamente en su método de comunicación preferido, porque de esa manera ya no tienen que lidiar con la incomodidad de las llamadas en frío. También permite a los clientes interaccionar mientras se encuentran en movimiento, utilizando las aplicaciones de sus dispositivos móviles o un dispositivo de escritorio visitando *www.messenger.com*. Estas herramientas también te permiten comunicarte con tus clientes de una forma más rica y significativa.

Figura 1.5: Captura de pantalla del Messenger de Facebook que puede encontrarse en www.messenger.com.

Además, el nuevo servicio Empresas en Messenger está ahora disponible a través de Facebook para algunas empresas en Estados Unidos. Este servicio permite a las empresas crear diseños de mensajes personalizados y proporcionar mejores herramientas de soporte a los clientes. Encontrarás más información acerca de esta herramienta tan útil al final de este libro.

10. ANALIZA TUS RESULTADOS EN EL ECOSISTEMA DE FACEBOOK

En el pasado, una empresa sólo podía calcular su impacto en Facebook en función del número de "Me gusta" que sus páginas recibían. Aunque las actividades de marketing son ahora mucho más complejas, los negocios tienen la capacidad de analizar el número de interacciones y ver los resultados directos de sus esfuerzos publicitarios en Facebook.

Es importante tener claro lo que estás buscando con cada herramienta para que puedas calcular los beneficios de tu inversión. Por ejemplo, si un cliente respondiera a un anuncio en Facebook y comprar un producto por $20 y tú estás gastando $5 en publicidad, los beneficios de tu inversión serían $15. Si puedes, haz un seguimiento a lo largo del tiempo del valor total de por vida de un cliente para obtener unos beneficios más exactos y precisos.

Comienza a analizar tus resultados desde el primer momento en que empieces a utilizar Facebook para tu empresa. Hay muchas maneras de hacer esto:

- En tu página de empresa, comprueba qué contenidos tienen una participación más alta y utiliza esta información para crear contenidos futuros.

- Para las campañas de publicidad de Facebook, haz un seguimiento de los anuncios que están funcionando bien y adapta o elimina los anuncios que no son efectivos.

- Para el video marketing, echa un vistazo a la tasa de retención de video para ver cuántos usuarios han visto el video hasta el final.

- Con WhatsApp y Facebook Messenger, fíjate en el número de contactos que ha recibido tu empresa, cuántas compras se realizaron a partir de esas interacciones, y la calidad del cliente potencial (o comprador potencial) que resultó de tu contacto.

Veremos con detalle todas estas herramientas más adelante.

TRES ACCIONES RECOMENDADAS A PARTIR DEL CAPÍTULO 1:

Después de cada capítulo, me gustaría compartir tres pasos recomendados de acción. Intenta hacer estos ejercicios antes de pasar al siguiente capítulo del libro. También puedes utilizar las plantillas que se ofrecen en el paquete de materiales de este libro.

- Piensa en cuántas fases tiene el embudo de ventas de tu empresa. Intenta dibujar un ejemplo relacionado con esto. Analiza qué tipo de contenido o de comunicación conviene usar en cada una de esas etapas.

- Piensa en cómo podrías crear contenido que capte la atención de los clientes rápidamente, teniendo en cuenta que los períodos de atención son cada vez más cortos.

- Haz una lista de ideas acerca de cómo puedes conseguir más puntos de contacto con tus clientes y comunicarte mejor con ellos.

CAPÍTULO 2

ANÁLISIS DE CLIENTES Y COMPETIDORES

El marketing moderno en Facebook siempre empieza por analizar a tu cliente ideal, y determinar qué herramientas online serían más efectivas para identificar mejor tanto al consumidor ideal, como a la competencia. Este capítulo proporciona cinco estrategias para analizar a los clientes, y otras cinco estrategias para reunir inteligencia competitiva.

ESTRATEGIAS RELACIONADAS CON EL ANÁLISIS DE CLIENTES

11. CREA TU AVATAR DE CLIENTE

Antes de implementar estrategias de marketing en Facebook, primero necesitas tener una idea clara de quién es tu cliente ideal. Obviamente, cualquiera puede comprar tus productos y servicios; pero en el entorno empresarial sumamente competitivo de hoy en día, necesitas ser muy claro a la hora de saber a quién quieres llegar y de identificar quién es tu cliente ideal.

Al crear tu avatar de cliente, éstas son algunas de las áreas que necesitas identificar:

Información básica:

- **Género y edad:** ¿Cuál es el género y el rango de edad de tus compradores más rentables?
- **Localización geográfica:** ¿Dónde se encuentran tus mejores clientes? Por ejemplo, mientras que una tienda e-commerce puede determinar que sus mejores

clientes residen en una determinada zona del país, una tienda de ropa local puede descubrir que su base de clientes vive en un área concreta de la ciudad.

- **Categorías de intereses:** ¿Cuáles son los hobbies e intereses de los clientes a los que te diriges? ¿Qué revistas compran? ¿Qué programas de televisión ven?

- **Sitios web que visitan:** ¿Cuáles son los sitios web más importantes, las páginas web de noticias o los blogs que visitan tus clientes?

Información más específica:

- **Motivación para comprar:** ¿Qué es lo que realmente incentiva y motiva a tus clientes para tomar decisiones de compra? Por ejemplo, alguien que quiere comprar un curso sobre cómo dejar de fumar probablemente también esté interesado en una categoría más amplia acerca de cómo mejorar su salud, y no sólo en cómo dejar de fumar.

- **Problema principal:** ¿Cuál es el problema o reto principal que tu cliente quiere solucionar?

- **Necesidad emocional relacionada con el problema:** ¿Cuál es la necesidad emocional relacionada con el problema principal que tu cliente ideal quiere resolver? Por ejemplo, los hombres solteros que quieren perder peso pueden tener la necesidad emocional de encontrar una pareja.

- **Palabras clave:** ¿Al usar Google, cuáles son las palabras clave que tus clientes ideales utilizan más?

Para la mayoría de los negocios, es suficiente con crear un avatar de cliente con esa "información básica". La sección de "información específica" normalmente lleva más tiempo, y no es obligatorio incluirla. En cualquier caso, el error más común que cometen los propietarios de negocios

- independientemente del nivel de detalle - es crear sólo un avatar. Recomiendo tratar de crear al menos tres avatares de cliente diferentes.

12. LLEVA A CABO UNA INVESTIGACIÓN BÁSICA EN LAS PÁGINAS DE FACEBOOK

Tan sólo algunos propietarios de negocio invierten el tiempo necesario para analizar cómo otras empresas aprovechan el marketing de Facebook antes de implementar sus propias estrategias. Sin embargo, esta investigación básica te permite conocer qué tipo de contenidos y de comunicación funcionan mejor en tu sector, y en cuáles merece la pena invertir tu tiempo.

La siguiente es una estrategia muy básica de investigación de marketing en Facebook que podrías implementar. Puedes crear una hoja simple en Excel para reunir y organizar toda esta información.

Visita las páginas de Facebook en tu sector y analiza las características siguientes en su contenido:

- Texto escrito:
  - ¿Qué palabras se utilizan más al empezar una publicación en Facebook?
  - ¿Qué tipo de llamadas a la acción utilizan?
  - ¿Publican frases cortas o párrafos largos?
  - ¿Usan palabras específicas o lenguaje específico de tu industria?
- Fotos: ¿Suben fotos atractivas y bien editadas?
- Contenido: ¿Publican muy a menudo?
- Videos: ¿Qué tipo de videos utilizan?

- Participación: ¿Qué contenidos tienen más comentarios, más "me gusta" y cuáles se han compartido más veces?
- ¿Otras observaciones?

También puedes analizar qué fotos de portada utilizan, y qué clase de información básica proporcionan en sus páginas de Facebook.

¿Tienes dificultad encontrando páginas de Facebook para las empresas en tu sector? Más adelante en este capítulo hablaremos de herramientas como SocialBakers y Likealyzer que ayudan a localizar estas empresas para poder analizarlas. Como ya dijimos anteriormente, recomiendo realizar este tipo de investigación para tres grupos diferentes: (1) empresas en tu sector; (2) tus mayores competidores; y (3) las páginas de Facebook más populares en tu país. Una investigación básica de este tipo puede parecer aburrida, pero es obligatoria para poder desarrollar un marketing efectivo en Facebook (si lo prefieres, puedes subcontratar este servicio).

13. ANALIZA CONSTANTEMENTE LAS ESTADÍSTICAS DE LAS PÁGINAS DE FACEBOOK

Las estadísticas de páginas de Facebook están disponibles para cada página de Facebook, y conviene que los propietarios de negocios examinen los datos que esta herramienta proporciona cada semana. Las estadísticas de página te permiten saber qué tipo de contenido le gusta más a tu audiencia, y qué parte de tu audiencia participa y se involucra más.

Con esta herramienta encontrarás información de tres indicadores clave relacionados con tu página de Facebook:

"me gusta", alcance y participación. Es aconsejable que cada propietario de una página de Facebook busque regularmente nuevos métodos para aumentar la participación y, por lo tanto, estos parámetros son probablemente los más significativos a la hora de analizar qué tipo de contenido generó una participación más alta. También hay mediciones útiles para los videos que se han publicado en tu página de Facebook, algo que cubriremos más adelante en este libro.

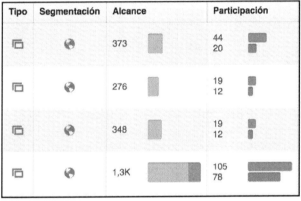

Tipo	Segmentación	Alcance	Participación	
⬚	◉	373	44 20	▰
⬚	◉	276	19 12	▯
⬚	◉	348	19 12	▯
⬚	◉	1,3K	105 78	▬

Figura 2.1: Estadísticas de página de Facebook que muestra qué tipo de contenido ha generado más participación entre tu audiencia.

La sección *Personas* de las estadísticas de la página de Facebook proporciona información relativa a la edad, el género y la localización geográfica de tus fans en Facebook. Estos datos son esenciales a la hora de crear campañas con tu publicidad de Facebook dirigidas a una audiencia en particular.

14. CONSIGUE VALIOSOS DATOS DE CLIENTES A PARTIR DE LAS ESTADÍSTICAS DE AUDIENCIA

En 2014, Facebook lanzó una herramienta gratuita que ayuda a determinar quienes son tus clientes ideales, sus intereses y sus hábitos de compra. Esta es una herramienta indispensable tanto para los anunciantes en Facebook como para los propietarios de páginas, y proporciona muchos datos demográficos y de comportamiento.

Conviene usar estos datos no sólo para crear avatares de cliente más específicos, sino también para obtener información valiosa sobre tus competidores.

Las estadísticas de audiencia de Facebook se pueden encontrar en *www.facebook.com/ads/audience_insights.* Para empezar, necesitas seleccionar cuál de los siguientes tipos de audiencia te interesa analizar:

- Todos los usuarios de Facebook.
- Personas conectadas con tu página de Facebook.
- Una audiencia personalizada (este término se explicará en el capítulo de este libro sobre publicidad en Facebook).

Figura 2.2: Tres opciones de audiencia que puedes seleccionar al utilizar las estadísticas de audiencia de Facebook.

Sólo puedes analizar una audiencia a la vez. Es esencial obtener información acerca de las personas que están conectadas con tu página de Facebook, pero para el análisis con esta herramienta es mejor empezar con "todo el mundo" en Facebook.

Supongamos que tienes un negocio online que vende clases de yoga y que estás deseando conseguir datos sobre gente que está interesada en yoga. Primero, selecciona a "todo el mundo" en Facebook como el tipo de audiencia y después, escribe "yoga" debajo del campo que dice "intereses" (echa un vistazo a la imagen que aparece más abajo).

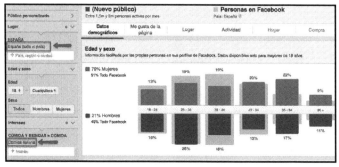

Figura 2.3: Datos demográficos mostrados por las estadísticas de audiencia de Facebook sobre personas a las que les interesa la comida italiana y que viven en España.

De acuerdo con los datos demográficos para los usuarios de Facebook en España, el 79% de las personas que están interesadas en comida italiana son mujeres y el 21% son hombres. Por lo tanto, tus contenidos y publicidad en Facebook deberían estar dirigidos principalmente a las mujeres.

La barra de navegación para esta herramienta (en la parte superior) proporciona una información todavía más reveladora, como por ejemplo:

- Páginas que han gustado y que se están siguiendo (Los "Me gusta de la página).
- Localización geográfica (Localización).
- Actividad, por ejemplo, comentarios, "me gusta", etc. (Actividad).
- Datos de los hogares (Hogar).
- Comportamiento de compra (Compra).

Los datos relativos a los hogares y el comportamiento de compra es proporcionado por empresas de terceros (no por

Facebook), y actualmente sólo funciona para búsquedas que tienen lugar dentro de Estados Unidos.

Tómate al menos 30 minutos para familiarizarte con esta herramienta; es una herramienta increíblemente potente para obtener datos e ideas acerca de tu sector que tus competidores probablemente no conocen todavía.

15. DESCUBRE IMPORTANTES Y PRECIADAS IDEAS REALIZANDO ENCUESTAS A TUS CLIENTES

Sorprendentemente muy pocos negocios realizan estudios de mercado, aunque probablemente son la estrategia más valiosa a la hora de obtener información sobre tus clientes ideales.

Las encuestas pueden ser realizadas por personas que se hayan suscrito a tu newsletter o por fans de tu página de Facebook. Yo crearía una encuesta diferente para aquellos clientes que hayan comprado uno de tus productos o servicios.

Aquí hay algunas preguntas que podrías hacer a tus fans en Facebook:

- ¿Qué tipo de contenidos les gustaría que tu empresa proporcionara?
- ¿Tienen alguna pregunta concreta relacionada con tu producto o servicio?
- ¿Qué otras páginas de Facebook o sitios web están siguiendo y por qué?

Aquí hay algunas preguntas que podrías hacer a tus compradores:

- ¿Qué les gustó más de tu producto o servicio?

- ¿Qué no les gustó de tu producto o servicio?
- ¿Qué otros productos les gustaría comprar?

Cada empresa debería realizar este tipo de estudios al menos una vez por trimestre fiscal. Dos herramientas que podrías tener en cuenta a la hora de realizar estas encuestas son: SurveyMonkey® *www.surveymonkey.com* (de pago) y Google Forms *www.google.com/forms* (gratis).

ESTRATEGIAS RELACIONADAS CON EL ANÁLISIS DE LA INDUSTRIA Y LOS COMPETIDORES

16. CONSIGUE LOS ÚLTIMOS DATOS DE FACEBOOK PARA TU INDUSTRIA A TRAVÉS DE SOCIALBAKERS

SocialBakers es una empresa de publicidad y de análisis de medios sociales que proporciona datos y análisis sobre cómo Facebook se utiliza en diferentes industrias y regiones. La mayoría de los informes son gratuitos - sólo tienes que registrarte con una cuenta gratuita.

Informes de la Industria

Los informes de la industria de SocialBakers revelan información clave, como por ejemplo: parámetros de marketing de Facebook, las publicaciones más importantes de Facebook y las marcas de Facebook que están creciendo más rápido en cada una de las industrias. Conviene que todos los propietarios de negocio inviertan al menos una hora al mes para analizar los datos y tendencias que ofrecen estos informes. El hacerlo nos permitirá descubrir las marcas que tienen un marketing más efectivo en Facebook. Normalmente estos informes se actualizan cada mes y cubren la actividad de todas las firmas globales en cada industria concreta. Puedes encontrar los informes de cada industria de SocialBakers en: *www.socialbakers.com/resources/reports/industry*.

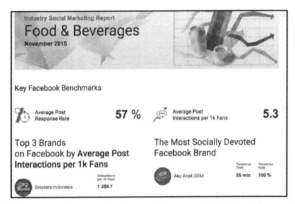

2.4: Captura de pantalla de un informe de SocialBakers sobre la industria de alimentación y bebidas.

Estadísticas del país

Además de los informes de industria, SocialBakers también proporciona información relacionada con el marketing de marca, e indica cuáles están generando más participación y llegando a más gente en Facebook. Me parece necesario destacar esta información porque te permite encontrar modelos de éxito que puedes analizar para ayudarte a adaptar y mejorar tus propios contenidos.

Las estadísticas del país de SocialBakers se pueden encontrar en:
www.socialbakers.com/statistics/facebook/pages/total/bra nds.

17. UTILIZA LIKEALYZER PARA DESCUBRIR LAS EMPRESAS QUE ESTÁN A LA CABEZA DEL MARKETING EN FACEBOOK

Likealyzer es una de las herramientas gratuitas más efectivas a la hora de analizar la competencia. Este programa que se encuentra en *www.likealyzer.com/es* te permite comprobar cómo tus esfuerzos se posicionan en relación a otros dentro de tu industria. Simplemente tienes que escribir la dirección URL de tu página de Facebook en el campo de búsqueda y hacer clic en "entrar". Esta herramienta te proporcionará una lista de recomendaciones acerca de cómo puedes mejorar tu página, además de otros datos útiles, gracias al análisis y clasificación de cada página de Facebook. Esta herramienta también proporciona una lista insólita de algunas de las mejores páginas de Facebook que más resultados están consiguiendo, ordenadas tanto por país como por industria.

Digamos que tienes una empresa de ropa en México y que quieres obtener ideas acerca de cómo otras empresas de tu industria utilizan Facebook. Ve a *www.likealyzer.com/statistics*, y selecciona "clothing" como categoría y "Mexico" como país de estudio. Likealyzer proporcionará una lista de las páginas de Facebook más efectivas dentro de esa industria y de esa región en concreto - que después puedes visitar y analizar.

Páginas con el LikeRank más alto

Sigue las páginas de interés. Observa el LikeRank, 'Me gusta', PTAT, Check-ins ¡y mucho más!
Busca según los criterios de país o categoría.

| Clothing | ‡ | Mexico | ‡ |

Observas las páginas en la categoría Clothing ubicados en Mexico.

#	Página	Me gusta	PTAT	ER	LikeRank
1	Insert Coin I Playeras + Clothing	6,198	705	8.6%	83
2	JK Guayaberas Clothing	8,315	587	7.06%	83
3	Gabriela Santos Clothing	1,414	92	6.51%	76
4	Knot Cool Clothing	507	52	10.26%	76

*Figura 2.5: Captura de pantalla de las estadísticas de
Likealyzer para los negocios de ropa en México
http://www.likealyzer.com/es/statistics/facebook/likerank/catego
ry/Clothing/country/Mexico.*

Te recomiendo invertir al menos 30 minutos analizando las mejores empresas en tu sector, visitando sus páginas de Facebook y documentando lo siguiente:

- ¿Qué tipo de texto utilizan?
- ¿Qué tipo de fotos publican?
- ¿Qué tipo de videos crean y comparten?
- ¿Qué otras estrategias utilizan que a ti podrían resultarte interesantes?

Realiza el mismo tipo de investigación en otros sectores o países para obtener ideas creativas adicionales para tus propios contenidos en Facebook.

18. ENCUENTRA CONTENIDO, NOTICIAS, HISTORIAS E INFLUENCIA UTILIZANDO BUZZSUMO

¿Estás interesado en encontrar rápidamente las últimas noticias, contenidos atractivos, y personas con influencia en tu sector? Buzzsumo, que se puede encontrar en *www.buzzsumo.com*, es una herramienta excelente de investigación que te permite encontrar el contenido viral de moda más importante.

ENCUENTRA TEMAS PARA ARTÍCULOS QUE LA GENTE QUIERE LEER Y COMPARTIR CON SUS AMIGOS

Puedes escribir cualquier palabra clave en Buzzsumo y conseguir una lista de los artículos, blogs o contenidos audiovisuales más compartidos y comentados. También puedes filtrar los resultados en función de la fecha, localización o idioma, así como en función de la plataforma de redes sociales que se ha utilizado para la publicación. La imagen de la captura de pantalla que aparece más abajo muestra los resultados más importantes para una búsqueda del término "Comida italiana."

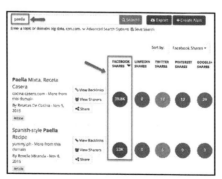

Figura 2.6: Resultados para una búsqueda del término "paella" en Buzzsumo.com.

Información como ésta es extremadamente valiosa para encontrar ideas para contenidos y noticias en tu sector. Puedes compartir estas historias en tu página de Facebook, o crear tu propio contenido basándote en ellos.

ENCUENTRA LOS CONTENIDOS MÁS POPULARES EN LAS PÁGINAS WEB DE TUS COMPETIDORES.

Buzzsumo también te permite buscar enlaces de URL específicas (por ejemplo, páginas web de competidores) para descubrir qué contenidos se comparten más en los medios sociales. Realiza este estudio para al menos cinco páginas web de tus competidores y conocerás de forma rápida qué contenidos prefiere ver la audiencia a la que te diriges.

La versión gratuita de Buzzsumo está limitada a unas cuantas búsquedas al día. La versión pro de pago permite búsquedas ilimitadas y ofrece características extra.

19. CONSIGUE IDEAS VALIOSAS ACERCA DE TUS CLIENTES MEDIANTE GOOGLE TRENDS

Google Trends es la herramienta principal de investigación para muchos vendedores online, puesto que hace un seguimiento de todas las búsquedas de palabras clave en internet ordenándolas en función de los intereses regionales. En otras palabras, se proporciona esta analítica de datos para los términos o frases específicas más buscadas en un área en concreto. Por ejemplo, si utilizamos "bicicleta de montaña" como término relevante de búsqueda, Google Trends proporciona el desglose que aparece más abajo en función del interés por una localización concreta:

*Figura 2.7: Resultados de Google Trends para la palabra clave
"Bicicleta de Montaña".*

En la búsqueda anterior., Google Trends muestra que el término "bicicleta de montaña" fue buscado principalmente por personas en el oeste de Estados Unidos, con Colorado, Utah, Montana y Wyoming ocupando los cuatro primeros puestos. Este tipo de información es fundamental para el marketing en Facebook, permitiendo que los propietarios de páginas puedan crear campañas de publicidad en Facebook mejor orientadas para sus audiencias, y obtener una información general más concreta acerca de sus clientes ideales.

Google Trends es una herramienta gratuita a la que se puede acceder en *www.google.com/trends*.

20. DESCUBRE LAS PALABRAS CLAVE QUE TUS CLIENTES BUSCAN EN INTERNET

El estudio de las palabras clave es una actividad relacionada con la optimización para motores de búsqueda para páginas web (SEO), pero que también revela datos interesantes para los propietarios de páginas de Facebook. Este tipo de análisis hace un seguimiento de las frases que la gente busca más en Google y en otros buscadores. Keywordtool.io, una de las herramientas de palabras clave gratuita, proporciona una lista de los términos que tu cliente ideal está buscando.

Supongamos que tienes un hotel en Madrid. Tendrás que ir a *www.keywordtool.io* y escribir "hotel en Madrid". El resultado es una lista de las palabras clave que más se buscan online con ese tema concreto. Aunque se usa principalmente para la optimización de motores de búsqueda, se puede utilizar también para optimizar el contenido de la página de Facebook. Encuentra los términos más buscados, añádelos a tu propio contenido y atrae a más visitantes a través de los resultados de búsqueda.

Search Terms ?	Keywords ?
hotel en madrid	hotel en madrid **ofertas**
hotel en madrid	hotel en madrid **centrico**
hotel en madrid	hotel en madrid **con spa**
hotel en madrid	hotel en madrid **atocha**
hotel en madrid	hotel en madrid **con parking**
hotel en madrid	hotel en madrid **cerca del bernabeu**
hotel en madrid	hotel en madrid **booking**
hotel en madrid	hotel en madrid **baratos**

Figura 2.8: Lista de palabras claves para "hotel en Madrid" proporcionada por Keywordtool.io

TRES ACCIONES RECOMENDADAS A PARTIR DEL CAPÍTULO 2:

Echa un vistazo a las tres acciones sugeridas relacionadas con el contenido de este capítulo. Trata de completar estas acciones antes de pasar al siguiente capítulo.

- Crea tu avatar básico de cliente siguiendo las recomendaciones de la estrategia 11. Intenta añadir alguna información más específica, como por ejemplo la motivación para comprar o la necesidad emocional relacionada con el problema.

- Lleva a cabo una investigación básica en Facebook visitando las páginas de empresa de tus competidores y analizando los puntos mencionados en la estrategia 12.

- Reserva suficiente tiempo para visitar las estadísticas en SocialBakers.com y analiza también las empresas de tu sector usando Likealyzer (estrategia 13).

CAPÍTULO 3

ESTRATEGIAS DEL PERFIL PERSONAL DE FACEBOOK

El siguiente capítulo proporciona las estrategias clave para ayudar a optimizar la creación de marca profesional y la colaboración en red mediante el uso de un perfil personal de Facebook. Aunque no es una lista exhaustiva, hablaremos aquí de algunos de los consejos y tácticas más importantes en los que debes concentrar tus esfuerzos durante esta etapa (incluyendo pero no limitándonos a los ajustes de privacidad y seguridad). Para una revisión de los perfiles de empresas d e Facebook, consulta el capítulo cuatro de este libro.

21. TEN CLARO CÓMO TU PERFIL PERSONAL PUEDE AYUDARTE A CONSEGUIR TUS OBJETIVOS DE EMPRESA

La mayoría de la gente sólo usa su perfil de Facebook para conectar con la familia y los amigos, y no se dan cuenta de que Facebook ofrece también numerosas aplicaciones dirigidas a las empresas. Así que, antes de utilizar las estrategias específicas que se comparten en este capítulo, merece la pena que primero conozcas cómo el uso de un perfil de Facebook puede ayudarte a conseguir tus objetivos de empresa. Para la mayor parte de los profesionales de empresa, el mayor beneficio es trabajar en red - tanto con nuevos contactos de negocio valiosos para tu empresa como con los contactos actuales - compartiendo fotos interesantes, videos, y artículos que pueden elevar y realizar más su marca de empresa.

Resumiendo, algunas de las ventajas típicas que obtendrás al usar correctamente un perfil personal de Facebook para objetivos profesionales son las siguientes:

- Una red profesional mejorada.

- Una reputación mejorada entre otros profesionales de tu sector.

- La oportunidad de compartir información valiosa relacionada con tu empresa y tus productos.

Empieza reservando algo de tiempo para pensar acerca de tus objetivos de negocio, y sobre los aspectos específicos que te gustaría mejorar mediante la actividad de tu perfil de Facebook.

22. MANTÉN TU PERFIL ACTUALIZADO

Herramientas como Facebook son significativas o no dependiendo de la información que tú ofrezcas. Intenta mantener actualizada la información de tu perfil de Facebook con toda la información relevante que quieres que la gente conozca acerca de ti. Si usas tu perfil de Facebook tanto por razones personales como para tu red profesional, es mejor evitar compartir demasiados datos, como por ejemplo, quienes son los miembros de tu familia o la dirección donde vives.

Muchos empleadores han empezado a investigar los perfiles de sus candidatos en Facebook. Independientemente de si estás en el mercado para conseguir un trabajo nuevo o de si estás expandiendo tu red profesional, es aconsejable que compartas información profesional correcta y actualizada (incluyendo tu experiencia laboral previa y tus habilidades profesionales). Tu página personal también puede compartir detalles de contacto y enlaces a tu página web profesional y otras redes sociales, junto con un breve resumen que explique quien eres como profesional de empresa.

Las páginas de Facebook se localizan mediante el nombre de usuario, por lo que sería conveniente que revisaras el enlace por defecto que se ha asignado a tu nombre. Puedes hacerlo visitando *www.facebook.com/username* y seleccionando una alternativa diferente que te guste más.

23. OPTIMIZA TUS AJUSTES DE PRIVACIDAD

Algo muy básico que cada usuario de Facebook debe hacer es revisar y actualizar sus ajustes de privacidad que se encuentran en *www.facebook.com/settings*. Estos ajustes deberían ser personalizados para adaptarse a tus preferencias personales, incluyendo lo que otros usuarios de Facebook pueden o no ver. Actualmente, Facebook permite la configuración de tres secciones diferentes:

- ¿Quién puede ver mis cosas?
- ¿Quién puede ponerse en contacto conmigo?
- ¿Quién puede buscarme?

Más abajo aparece una captura de pantalla de esta página.

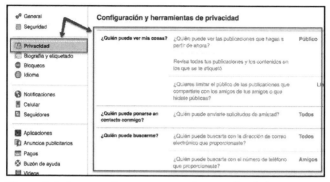

Figura 3.1: Imagen de una captura de pantalla de los ajustes y herramientas de privacidad de Facebook.

Si como profesional de empresa estás interesado en sacar el máximo provecho de una marca personal, la categoría más amplia permite a todo el mundo ver todas tus publicaciones (se encuentra en la sección "quién puede ver mis cosas") y permite que los motores de búsqueda generen enlaces a tu perfil (en la sección "quién puede buscarme"). Como ya se indicó previamente, si ofreces un acceso tan amplio, conviene que por razones de seguridad revises y restrinjas el acceso a la información personal que proporcionas en tu página (por ejemplo, la dirección de tu casa). Por el contrario, los ajustes de privacidad también se pueden configurar de una forma más abierta para aquellos que principalmente conectan con miembros de la familia y amigos.

Es importante señalar que Facebook actualiza y revisa frecuentemente los términos y ajustes de privacidad del sitio. Sería muy aconsejable que visites estas secciones cada mes para confirmar que todos los ajustes se han configurado correctamente de acuerdo con tus preferencias personales.

24. OPTIMIZA LOS AJUSTES DE SEGURIDAD DE FACEBOOK

Piratería – la amenaza de que alguien pueda acceder a tu cuenta privada en Facebook. Hoy en día, la amenaza es muy real y causa demasiadas preocupaciones de seguridad a nivel personal. Afortunadamente, Facebook ha creado un ajuste de seguridad adicional para proteger aún más el acceso privado del usuario a su cuenta - utilizando códigos de seguridad personalizados.

Cuando un usuario ha guardado un código de seguridad, Facebook verificará la localización desde donde se ha accedido a la cuenta. Si se utiliza una nueva localización que no se reconoce, se genera una notificación que se envía a la cuenta de correo electrónico guardada que corresponde a ese código de seguridad. Si has sido tú, simplemente tendrás que proporcionar el código y autorizar la localización. Si no has sido tú, entonces el usuario desconocido que ha intentado acceder a tu cuenta no puede seguir adelante.

Más abajo aparece una captura de pantalla de esta página.

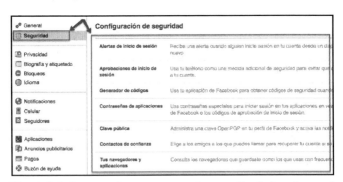

Figura 3.2: Imagen de una captura de pantalla de los ajustes de seguridad de Facebook.

Las características principales de seguridad se han señalado más arriba. Por último, tú eres quien elige cuánto acceso público quieres para tu cuenta. Sin embargo, aconsejaría a cualquiera el utilizar al menos los tres primeros ajustes de seguridad: alertas de inicio de sesión, autorizaciones de inicio de sesión y generador de códigos.

Finalmente, me gustaría señalar también la importancia de las contraseñas nuevas. Características de seguridad como las señaladas anteriormente protegen un aspecto de tu privacidad, pero renovar tu contraseña de forma regular siempre ofrece una protección adicional. Mantén un registro de tus cambios (pero no los guardes en tu buzón de correo), y cierra siempre tu sesión en Facebook cuando utilices un ordenador público.

25. DISEÑA UNA IMAGEN DE PORTADA EFECTIVA PARA TU PERFIL

Una de las primeras cosas que la gente ve al visitar un perfil de Facebook es la foto de portada. La mayoría de los profesionales de empresa se centran en crear una imagen de portada profesional para su página de empresa, pero se olvidan de hacer lo mismo para su perfil personal.

Aquí hay algunos consejos a tener en cuenta a la hora de diseñar la imagen de portada de tu perfil.

- Usa el tamaño de imagen correcto: 851 x 315 pixeles.
- Se puede utilizar un collage de varias imágenes, pero intenta que se centre en ti mismo para conseguir una conexión visual con el usuario.
- Intenta que sea limpia y que vaya directa al grano, limitando la cantidad de texto en la imagen.

- Puede interesarte utilizar una herramienta, como por ejemplo Canva, para crear rápidamente una imagen de perfil profesional (este ejemplo de herramienta online ofrece también plantillas gratuitas que encontrarás en: *www.canva.com/create/facebook-covers*).

Intenta crear una imagen de portada que esté relacionada con tu trabajo pero que al mismo tiempo sea personal. Por ejemplo, si eres un orador público, puedes crear una imagen que incluya varias fotos tuyas durante tus discursos profesionales y una corta llamada a la acción indicando a la gente cómo pueden ponerse en contacto contigo. También puedes cambiar la foto de portada en cualquier momento del año, y podrías querer aprovecharte de un día de fiesta concreto o de una temporada en particular.

26. UTILIZA LAS APLICACIONES MÓVILES PARA FACEBOOK

Facebook ofrece varias aplicaciones móviles (tanto para iPhone como para Android), que te permiten utilizar Facebook de una manera más efectiva desde tu dispositivo móvil. Las que presento a continuación son tres de las herramientas más importantes:

- **Aplicación móvil de Facebook:** Te permite llevar a cabo todas las funciones básicas de Facebook, por ejemplo, añadir amigos y compartir fotos, videos y actualizaciones de estado.

- **Aplicación de Messenger de Facebook:** La aplicación de Messenger te permite enviar y recibir rápidamente mensajes de tus amigos en Facebook. Además, esta aplicación te permite realizar videoconferencias gratuitas o dejar mensajes de voz para gente que también tenga instalada la aplicación. Este método de mensajería puede mejorar enormemente la calidad de tu comunicación, con formatos de audio y video que contribuyen a crear confianza y credibilidad mucho más rápido que los textos básicos. También se pueden guardar tus comunicaciones anteriores, permitiéndote revisitar interacciones previas con tus clientes y confirmar detalles mencionados en mensajes anteriores. En el último capítulo hablaremos más extensamente sobre cómo las empresas pueden utilizar Messenger de Facebook para la comunicación con sus clientes.

- **Aplicación de grupo de Facebook:** Si eres un miembro de los grupos de Facebook, esta aplicación te permite interaccionar con todos ellos y permanece activa aunque estés en movimiento. La funcionalidad de este programa es más efectiva que la aplicación por defecto de Facebook.

Recuerda actualizar siempre tus aplicaciones con las últimas versiones. Se pueden encontrar las aplicaciones móviles de Facebook mencionadas más arriba y muchas otras en: *www.facebook.com/mobile*.

27. CONSIGUE SEGUIDORES Y SIGUE A GENTE INTERESANTE EN FACEBOOK

Facebook ha establecido un límite para el número de amigos por usuario (5,000), y después de alcanzar ese número no se aceptan más solicitudes nuevas. Sin embargo, hace algunos años, Facebook introdujo una nueva característica llamada "Seguir", que te permite seguir las publicaciones de la gente sin que necesites ser su "amigo". Esta función adicional ha demostrado ser muy útil para gente famosa y figuras públicas, y funciona igual de bien para el público en general - incluyendo a aquellos que quieren conseguir un gran número de seguidores en su perfil personal de Facebook.

Robert Scoble, un famoso bloguero técnico que hizo uso de esta función desde el principio, ha conseguido tener más de 670,000 seguidores en su perfil personal de Facebook (*www.facebook.com/RobertScoble*). Robert comparte de forma regular noticias y actualizaciones interesantes relacionadas con el mundo tecnológico, que la gente ha podido seguir sin la necesidad de "hacerse amigo" de este hombre. Es un gran ejemplo que muestra lo poderosa que puede llegar a ser la función mencionada anteriormente para tus propias necesidades y objetivos.

Para seguir a alguien, busca su nombre y visita su perfil, después haz clic en "seguir". Inmediatamente podrás empezar a ver sus publicaciones en las noticias de tu muro. Puedes echar un vistazo a algunas sugerencias a tener en cuenta en:
www.facebook.com/follow/suggestions.

Para conseguir que la gente te siga, ve a *www.facebook.com/settings* y haz clic en "seguidores" en la columna de la izquierda. Aquí, puedes configurar todos los ajustes relacionados con los seguidores además de añadir un botón de enlace en tu página web que permitirá que la gente te siga.

Los ajustes relacionados con los seguidores se pueden encontrar en: *www.facebook.com/settings*. También puedes conocer más acerca de la función Seguir de Facebook aquí en *www.facebook.com/about/follow*.

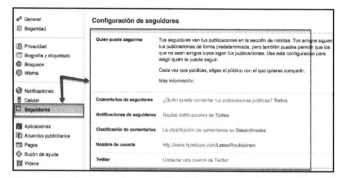

Figura 3.3: Captura de pantalla de los ajustes de seguidores de Facebook.

28. COMPARTE TUS ARTÍCULOS USANDO LAS NOTAS DE FACEBOOK

¿Has escrito algún artículo interesante que te gustaría compartir con tus amigos y seguidores en Facebook? Además de las fotos, videos y mensajes de texto breves en tu perfil de Facebook, la función actualizada de Notas de Facebook te permite también añadir artículos. Las Notas se pueden usar tanto para perfiles personales como para páginas de empresa de Facebook.

Para entender cómo funciona la función de Notas de Facebook visita *www.facebook.com/notes* y echa un vistazo a las notas que ya han creado tus amigos y la gente a la que sigues en Facebook. En la parte superior de la misma página puedes crear tu propia nota, echar un vistazo a las notas que has escrito anteriormente o revisar y editar tus borradores.

Figura 3.4: Puedes crear una nota dirigiéndote a www.facebook.com/notes y haciendo clic en Escribir una nota.

Antes de publicar una nota, planifica y define su objetivo. ¿Hay alguna llamada a la acción que quieras dar a la gente? ¿Persigues alguna agenda u objetivo específico con esa publicación en particular? Evita promocionar tu producto en exceso. En lugar de eso, trata de proporcionar información útil a tus lectores, con visuales atractivos y con una presentación que sea fácil de leer. Al final del artículo puedes enviar a la gente a la publicación de tu blog o a tu página web donde les ofrecerás la información promocional.

La mayoría de tus lectores son gente muy ocupada, y probablemente verán tus notas desde un dispositivo móvil. Por lo tanto, trata de mejorar su experiencia de lectura ofreciéndoles párrafos cortos y una serie de puntos importantes. Incluso podría interesarte empezar y terminar tu nota con una pregunta interesante que anime a los lectores a participar en la lectura.

A continuación hay un ejemplo de una nota compartida por el inversor tecnológico Loic Le Meur:

Figura 3.5: Un ejemplo de nota

Como puedes ver en el ejemplo, la imagen de portada se muestra de forma bastante evidente (1200 pixeles de ancho por 445 pixeles de alto). Selecciona la tuya con cuidado.

29. APROVÉCHATE DEL VIDEO EN VIVO DE FACEBOOK

Facebook video es un formato de contenido relativamente nuevo, y ya está generando una participación impresionante en Facebook. En abril de 2016 Facebook empezó a ofrecer la función de video en vivo para la mayoría de los perfiles y páginas de empresa. Las aplicaciones móviles de transmisión de video en vivo y en directo, como Periscope, ha crecido de manera exponencial y por ello, Facebook ofrecerá la misma alternativa para mantener el mismo ritmo. Personalmente pienso que el uso de Periscope va a disminuir, ya que la mayoría de empresas y emprendedores prefieren hacer transmisión en vivo en Facebook, donde ya tienen sus seguidores.

El consultor de comunicaciones estratégicas Scott Monty realiza una videoconferencia cada domingo compartiendo noticias de la industria del marketing y las comunicaciones. Los seguidores de Scott pueden ver el video e interaccionar en vivo, y también ver la grabación más tarde en el perfil de Facebook de Scott. Es un ejemplo muy apropiado para ver cómo se puede sacar provecho de la nueva función de Facebook y para compartir contenidos importantes en un perfil personal de Facebook.

Figura 3.6: Captura de pantalla de una transmisión de video en vivo de Scott Monty.

Aquí te presento algunas sugerencias de Scott Monty, que podrían ayudarte a empezar tu transmisión en vivo en Facebook.

OPINIÓN DEL EXPERTO – Scott Monty

"Facebook Mentions hace que el video en vivo y en directo sea posible para las páginas, y aunque el video en vivo tiene un gran alcance, la ausencia de una estrategia puede ser peligroso. Resulta muy sencillo (para cualquier persona o cualquier marca) abrir la aplicación y empezar a transmitir video. Pero antes de hacerlo, las marcas deberían tener una idea clara de lo que quieren conseguir: mayor concienciación, desarrollo comunitario, atención al cliente o cualquier otra cosa.

"Algunos ejemplos que ilustran cómo estas estrategias pueden ponerse en práctica incluyen: ofrecer información exclusiva a los seguidores, como por ejemplo una visita entre bastidores; hacer que los ejecutivos estén disponibles para entrevistas y para sesiones de preguntas y respuestas; horas de atención al cliente en vivo y en directo; revelaciones acerca de un producto concreto.

La transmisión en directo no necesita ser una perfecta producción de video de alta calidad, pero sí necesita ser tener más calidad que un trabajo amateur. Una cámara inestable disminuirá tu credibilidad y un audio de baja calidad no ayudará a que la gente siga el contenido del video. Ten en cuenta los requisitos mínimos para la transmisión de video en vivo y asegúrate de que lo tienes bajo control. Con todo esto y una estrategia sólida, deberías sentirte preparado para lanzarte a construir relaciones más fuertes con tus clientes."

Scott Monty,
Consultor de Comunicaciones Estratégicas
www.scottmonty.com

30. ENTIENDE LA IMPORTANCIA DE LOS NUEVOS EMOJIS DE REACCIÓN DE FACEBOOK

Facebook usa desde hace tiempo el botón de "Me gusta" que ayuda a los usuarios a mostrar qué contenido les gusta de una manera rápida. En el momento de escribir este libro se están introduciendo nuevos emojis, conocidos también como Reacciones de Facebook. Son representaciones pictóricas de expresiones faciales que dan a los usuarios de Facebook la posibilidad de mostrar rápidamente sus emociones, por ejemplo, el enfado o la simpatía, relacionados con cualquier contenido que vean. Facebook está implementando estos emoticonos en este momento, porque la mayoría de los usuarios de Facebook acceden a la red social desde sus teléfonos móviles y los emojis son una manera rápida de expresar sus emociones sin la necesidad de escribir algo.

Encontrarás una manera de mostrar tu reacción a cualquier contenido de Facebook seleccionando uno de estos seis sentimientos que se muestran en la imagen inferior: Me gusta, Me encanta, Me hace reír, Me sorprende, Me pone triste y Me enfada.

Figura 3.7: Los seis diferentes emojis de reacción en Facebook: Me gusta, Me encanta, Me hace reír, Me sorprende, Me pone triste y Me enfada.

Este cambio es significativo y ayudará a Facebook a entender mejor las emociones que la gente tiene con respecto a una foto, video o actualización de estado concretos. Esto permitirá a Facebook mejorar su algoritmo y ofrecer un contenido más personalizado en los muros de noticias de los usuarios.

Para aquellas empresas que tienen páginas de empresa de Facebook, las nuevas Reacciones de Facebook ofrecerán la oportunidad de obtener un feedback mejor de sus clientes ideales en cuanto al tipo de contenido que prefieren ver.

En el futuro, los anunciantes de Facebook necesitarán seguir sus anuncios con cuidado, como por ejemplo, un anuncio con demasiadas caras enfadadas podría indicar que te estás dirigiendo a la audiencia equivocada con tu anuncio, y Facebook podría limitar su visualización.

TRES ACCIONES RECOMENDADAS A PARTIR DEL CAPÍTULO 3:

Echa un vistazo a las tres acciones sugeridas relacionadas con el contenido de este capítulo. Trata de completar estas acciones antes de pasar al siguiente capítulo.

- Escribe lo que te gustaría conseguir con tu perfil personal de Facebook y cómo puede ayudarte a conseguir tus objetivos empresariales..

- Pasa al menos 20 - 30 minutos comprobando tus ajustes de privacidad y de seguridad de Facebook y configurándolos correctamente (estrategias 23 y 24).

- Familiarízate con las Reacciones de Facebook y empieza a usar diferentes emojis cuando quieras expresar tu opinión o una emoción determinada a los diferentes contenidos que veas en Facebook..

CAPÍTULO 4

ESTRATEGIAS DE LA PÁGINA DE EMPRESA DE FACEBOOK

La mayoría de los negocios de pequeño y mediano tamaño necesitan una página de Facebook para marketing y presencia de marca. Sin embargo, muchos de estos negocios, que ya utilizan este servicio, no consiguen hacerlo de la manera adecuada porque no utilizan las estrategias adecuadas para obtener los resultados que pueden ayudarles a conseguir los objetivos de negocio para la empresa. El alcance orgánico de una página de Facebook está disminuyendo estos días, debido en gran parte a la gran competición existente y a la sobre saturación de noticias; las publicaciones en tu página de Facebook las ve menos gente y para compensarlo, se necesita un esfuerzo estratégico mayor.

Recientemente, la publicidad de pago de Facebook se ha hecho más popular a la hora de expandir el alcance del marketing (de lo que trataremos en el siguiente capítulo de este libro). En este capítulo, aprenderás estrategias simples pero muy poderosas, que pueden implementarse antes de pagar por este tipo de publicidad - tácticas que sólo algunas empresas conocen y utilizan en la actualidad - lo que puede contribuir a conseguir una mayor participación y mejores resultados de las páginas de empresa de Facebook.

31. ENTIENDE QUE NO SE TRATA DE TI, SINO DE ELLOS

No es raro ver páginas de empresa de Facebook con mucho contenido, pero con muy pocos comentarios, pocos "me gusta" o pocos contenidos compartidos por parte de la audiencia. Páginas como ésta tienen casi un impacto casi cero en el marketing de un negocio, y a menudo representan una pérdida de tiempo para la compañía a la hora de mantenerlas. Para comercializar con eficacia servicios en tu página de Facebook, conviene que publiques contenido que es interesante desde el punto de vista de tu audiencia, no del tuyo. En otras palabras, se trata de lo que los seguidores de tu página quieren ver, no de lo que tú quieres decir.

Aquí encontrarás algunos ejemplos que ilustrarán este punto:

- En lugar de dar una llamada a la acción para comprar algo, es mejor decir algo como "¿Te gustaría probar esto?"

- En lugar de usar la palabra "nosotros" (como empresa), utiliza la palabra "tú" (refiriéndote a la persona que te sigue).

- En lugar de hablar de lo que está pasando en tu empresa, comparte publicaciones relacionadas con lo que está ocurriendo en las vidas de tus seguidores. Por ejemplo, durante el período de Navidad podrías compartir publicaciones acerca de las vacaciones de Navidad; durante las vacaciones de verano, puedes compartir publicaciones acerca de esos acontecimientos.

Para comenzar, crea una lista de 10 publicaciones diferentes que tengan en cuenta los puntos anteriores. Te darás cuenta rápidamente de que hay muchas maneras creativas en que puedes utilizar el nuevo enfoque para llegar a tu audiencia.

Además, también puedes empezar a considerar el publicar una encuesta de mercado para preguntar directamente a tus clientes qué tipo de contenido les gustaría ver en tu página de Facebook.

32. APROVECHA EL CRECIMIENTO EXPONENCIAL DE FACEBOOK EN DISPOSITIVOS MÓVILES

De acuerdo con las últimas estadísticas de Nielsen con respecto a las aplicaciones para smartphone más importantes del 2015, las aplicaciones de Facebook, YouTube y el Messenger de Facebook se encontraban entre las más usadas. El Messenger de Facebook tuvo un crecimiento del 31% a lo largo del 2014, y las aplicaciones de Facebook generaron más participación por parte del usuario que las aplicaciones de Google. Esta estadística es bastante significativa, e ilustra principalmente el hecho de que Facebook domina el mercado de las aplicaciones móviles.

Los emprendedores más avanzados y abiertos a los cambios ya están optimizando todo su contenido de Facebook para su visualización en dispositivos móviles. Sin embargo, la mayoría de los negocios están muy por detrás en este mercado, y todavía creen que la mayor parte de sus clientes visitan Facebook tan sólo desde sus ordenadores de escritorio.

Los siguientes consejos te ayudarán a empezar a optimizar tu contenido de Facebook para los dispositivos móviles:

- Haz que el texto de tu publicación sea fácil de leer usando preguntas breves y párrafos cortos.
- Asegúrate de que tus fotos, promociones y otros textos se ven correctamente desde un dispositivo móvil.

- Cuando crees videos, hazlos de corta duración y adaptados a los dispositivos móviles.

- Crea un código QR para permitir que tus clientes sean capaces de seguir tu página de Facebook desde sus dispositivos móviles.

Visita las páginas de Facebook de otras empresas en tu sector y analiza si sus contenidos y publicaciones se ven bien desde tu dispositivo móvil.

Descarga la última versión de la aplicación "Administrador de páginas de Facebook", que te permite publicar fácil y rápidamente fotos y actualizaciones, ver y responder a mensajes, y comprobar las estadísticas de la página.

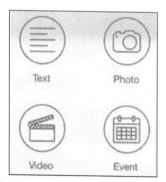

Figura 4.1: Captura de pantalla de la aplicación del administrador de páginas de Facebook.

Si uno de tus empleados gestiona o sube contenido a tu página de Facebook, conviene que se descargue y utilice esta aplicación. Así, le ayudará a ahorrar tiempo y a publicar contenido de una manera más efectiva.

33. EVITA COMETER LOS MISMOS ERRORES QUE TUS COMPETIDORES

Imagina lo útil que sería darte cuenta de los errores que tus competidores y otras empresas en tu industria están haciendo. Bueno, pues gracias a la gran variedad de herramientas que se pueden descargar hoy en día, ahora eso sí es posible. Continúa más abajo, y aprenderás cómo crear importantes planes de contenido para Facebook y cómo conseguir grandes resultados de una manera rápida.

Así es cómo esto funciona en la práctica, usando la herramienta gratuita de *www.likealyzer.com/es*

- Supongamos que tu negocio es un restaurante italiano en Nueva York, y que quieres aprender de los errores de tus competidores.

- Después de investigar un poco, encuentras las páginas de tres competidores locales en Facebook.

- A continuación, visita *www.likealyzer.com/es* y escribe en la URL de Facebook cada una de las páginas de tus competidores, y después haz clic en "entrar" para comenzar el análisis.

- *Likealyzer.com* proporcionará una lisa específica de acciones que podrían mejorar cada página de Facebook - acciones que puedes emprender por ti mismo para mejorar la página de tu restaurante en Facebook.

La imagen siguiente muestra las recomendaciones que Likealyzer ofrece sobre cómo mejorar la página.

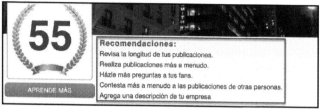

Figura 4.2: Captura de pantalla de las recomendaciones ofrecidas por la herramienta de Likealizer.com.

- Recomiendo imprimir estos resultados y recomendaciones, visitando y analizando las páginas de los competidores en Facebook, y después mejorando la planificación de tu propia página de Facebook utilizando las recomendaciones del sitio web.

- Para conseguir más ideas creativas, puedes hacer el mismo análisis para las páginas de Facebook de otras industrias y fijarte en qué tipo de textos y contenidos están utilizando.

34. MEJORA LA PARTICIPACIÓN DE TU PÁGINA

La participación es una de las palabras clave más importantes para los administradores de página de Facebook, y es un aspecto al que los negocios necesitan prestar más atención.

Aquí hay una lista de estrategias básicas para mejorar la participación de tu página de Facebook:

- Empieza con una pregunta tu publicación de Facebook. Si están publicando una foto, puedes incluir la pregunta dentro de la imagen. Esto ayuda a que la gente que ve tu publicación desde un dispositivo móvil pueda ver mejor las preguntas.

- Si compartes una publicación larga, utiliza una pregunta también en el final.

- Pregunta las opiniones de tus seguidores planteando dos opciones diferentes y preguntando cuál les gusta más.

- Responde rápidamente cada comentario o pregunta en tu página; utiliza un tono amistoso y espontáneo.

- Diviértete y usa el humor en tus publicaciones.

- Publica declaraciones de interés para tus seguidores. Por ejemplo, una página de Facebook para jugadores de tenis podría publicar una declaración emocional acerca de cómo uno se siente después de haber jugado un buen partido (normalmente se recomienda usar también una imagen atractiva para este tipo de publicación). Después, puedes pedir a la gente que comparta tu publicación si están de acuerdo con esa afirmación, o que dejen un comentario si no están de acuerdo.

- Publica más fotos.

Aparte de lo que he mencionado más arriba, podrías estar pensando en crear fotos más profesionales para tu página utilizando herramientas online, como por ejemplo, *www.Canva.com*. Este tipo de herramientas online gratuitas a menudo ofrecen plantillas que puedes modificar y cambiar para que se ajusten a tus necesidades. Invertir tiempo y esfuerzo en crear visuales atractivos aumentará significativamente la probabilidad de que tus fans compartan y participen en tu contenido.

Figura 4.3: Canva.com ofrece plantillas gratuitas que puedes utilizar para tus publicaciones en Facebook.

Después de publicar contenido durante algunas semanas utilizando estos consejos, vuelve a visitar las estadísticas de tu página de Facebook y analiza qué publicaciones te han ayudado a conseguir una mayor participación. Aprende de esto y crea más publicaciones de este tipo en el futuro.

En general, conviene que prestes toda la atención posible a la interacción y participación en tu página. Cuánta más participación puedas generar, llegarás a más gente a través de Facebook.

35. IMPULSA LAS VENTAS LOCALES MEDIANTE PROMOCIONES ESPECÍFICAS

Facebook se está convirtiendo en una herramienta cada vez más importante para las empresas locales que quieren atraer nuevos clientes locales. Un error muy común es invitar a clientes potenciales a que hagan clic en el botón "Me gusta" de tu página Facebook y esperar que automáticamente compren tus productos.

Toda empresa necesita considerar qué tipo de ofertas atractivas puede ofrecer a sus seguidores en Facebook. A continuación, aparecen algunos ejemplos que podrían crear empresas locales para aquellos clientes que acceden a ellas desde Facebook.

- Los restaurantes podrían ofrecer un postre gratis.
- Los profesionales quiroprácticos podrían ofrecer la primera sesión de forma gratuita.
- Los profesionales del coaching podrían ofrecer un informe gratuito tras la primera sesión.
- Un abogado podría ofrecer una consulta gratuita.

Normalmente, no recomiendo que se ofrezcan descuentos; podrían disminuir el valor percibido de tu producto. Sin embargo, aquellas empresas que ofrecen servicios como producto pueden ofrecer una pequeña prueba o muestra, lo que en realidad puede ayudar a crear una sensación de confianza y credibilidad. Un gran número de los clientes potenciales que aceptan este tipo de pruebas y ejemplos suelen "quedarse" alrededor y convertirse finalmente en clientes de pago.

Cuando crees una oferta especial para tus fans en Facebook, se recomienda que hagas un seguimiento tanto del número de contactos como del número de ventas que Facebook ha generado. Los propietarios de negocios necesitan hacer un seguimiento de la información que aparece a continuación para tener una idea clara de lo efectiva que una promoción en Facebook puede llegar a ser:

- ¿Cuántos clientes te llaman después de haber visto información sobre tu oferta especial? (asegúrate de que tus empleados preguntan a los clientes donde han visto la oferta, en caso de que estés gestionando varios sitios en las redes sociales al mismo tiempo).

- ¿Cuántos clientes se ponen en contacto contigo a través de la función "contacto" en la página de Facebook?
- ¿Cuántos clientes te envían un correo electrónico?
- ¿Cuántos clientes visitan tu negocio?

36. COMPARTE CONTENIDO DE VIDEO EN TU PÁGINA

La empresa de análisis en los medios sociales Quintly analiza más de 80 millones de publicaciones en Facebook entre junio de 2014 y junio de 2015. A partir de este estudio descubrieron que los videos generan la máxima participación en comparación con otro tipo de contenido en Facebook, por ejemplo fotos, actualizaciones de estado y enlaces.

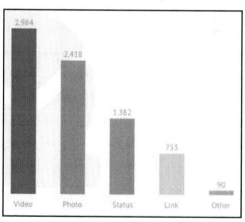

Figura 4.4: Gráfica: Promedio de interacciones por tipo de publicación en Facebook. Fuente: informe por Quintly.com.

Se han llevado a cabo otros estudios que mostraban resultados similares. El video es todavía un formato nuevo de contenido y ofrece una experiencia diferente a las fotos, enlaces y actualizaciones de estado para los usuarios de Facebook. Y en 2016, el contenido de video no hará más que crecer a medida que Facebook optimiza estos resultados. Las empresas que utilizan Facebook para la publicidad y el marketing necesitan aprender cómo crear videos interesantes y relevantes para sus páginas para conseguir mantener el ritmo.

Las estrategias de la publicidad de video de pago en Facebook se cubrirán con detalle más adelante en este libro y mostrarán estrategias específicas para crear promociones de video gratuitas y efectivas en Facebook.

CONSEJOS BÁSICOS PARA EL VIDEO MARKETING

Los siguientes son unos consejos básicos de video marketing en Facebook que toda compañía debería tener en cuenta:

- Crea videos que vayan directos al grano y que tengan mucho movimiento durante los tres primeros segundos. La mayoría de la gente verá tu video en sus noticias del muro, y si al principio es aburrido, probablemente dejarán de verlo.

- Asegúrate de que las imágenes en tu video son grandes, porque la mayoría de la gente las verá en un dispositivo móvil.

- Por defecto, los videos en Facebook están silenciados, por lo que puedes utilizar una llamada a la acción del tipo "Enciende tus altavoces" para animar a los espectadores a añadir el audio. Así mismo, tras numerosas pruebas que yo mismo he realizado, he podido comprobar que la gran mayoría de usuarios de Facebook visualizan los videos sin escuchar el audio.

- Mantén los videos de corta duración, generalmente entre 10 - 60 segundos, dependiendo del contenido.

- Por ejemplo, aquí hay una imagen de una captura de pantalla para la página de Facebook de los coches Audi:

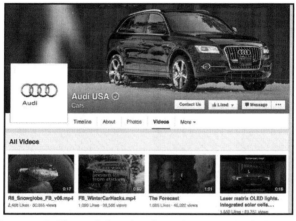

Figura 4.5: El canal de video de Audi en Facebook se puede encontrar en www.facebook.com/audi/videos.

TIPOS DE VIDEO QUE CONVIENE SUBIR A FACEBOOK

Los consumidores de hoy en día son mucho más exigentes, y tienen más opciones disponibles que nunca antes. El contenido de video ayuda a las empresas a crear confianza y credibilidad con sus clientes potenciales, y a sobresalir en el mercado. Los siguientes son algunos ejemplos de video que las empresas deberían crear y compartir en sus páginas de Facebook:

- **Breves tutoriales de video:** A tus clientes ideales les encanta conocer contenido útil a través de tutoriales de video rápidos. Haz que estos tutoriales sean de movimiento rápido y que vayan directos al tema en cuestión, ofreciendo una llamada a la acción para aquellos que quieren saber más.

- **Testimoniales de video y videos de estudios de caso:** Facebook trata de gente, y cuando un consumidor encuentra el video de alguien compartiendo su experiencia con tu producto o servicio mejora enormemente su decisión de compra.

- **Videos de presentación de diapositivas:** Estos son los videos más sencillos porque sólo necesitan algunas imágenes. Un programa editor puede combinarlas y crear una presentación de diapositivas profesional. Mi aplicación favorita de iPhone para crear videos de presentaciones de diapositivas se llama "Replay" y se puede encontrar en la aplicación de la tienda iOS.

- **Presentaciones de video de productos, la empresa o sus empleados:** Los consumidores normalmente quieren ver a las personas que trabajan en una tienda local antes de visitarlo en persona. Las presentaciones rápidas de productos y empleados, si están bien hechas y con una auto promoción mínima, funcionan bien en el mercado de Facebook.

SORPRENDE A TU AUDIENCIA CON CINEMAGRAFÍAS

De acuerdo con la Wikipedia: "Cinemagrafías son fotografías fijas en las que tiene lugar un movimiento mínimo y repetido. Las cinemagrafías, que se publican en formato de GIF animado o como video, pueden provocar la ilusión de que el espectador está viendo un video." (Fuente: wikipedia.org/wiki/Cinemagraph).

Estas son una nueva forma de contenido que ofrece experiencias refrescantes y sorprendentes para los usuarios de Facebook que están acostumbrados a ver fotos o videos tradicionales. Ahora Facebook permite que se suba este tipo de medios audiovisuales, poniendo a tus disposición otra nueva herramienta de marketing que está preparada para crecer exponencialmente en los próximos años.

37. PROGRAMA TUS PUBLICACIONES Y AHORRA TIEMPO

La gestión del tiempo es una de las actividades clave para propietarios de negocio ocupados que quieren desarrollar un marketing efectivo en las redes sociales. La mayoría de los negocios tratan de publicar contenido nuevo varias veces al día, pero se puede automatizar la publicación de contenidos utilizando la función de programación de Facebook.

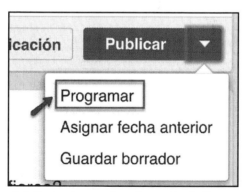

Figura 4.6: Se puede acceder a la opción de Programar de Facebook haciendo clic en la flecha del menú desplegable en el botón azul de Publicar.

Por ejemplo, los lunes por la mañana puedes crear todos los contenidos para la semana, y programar el material de forma que se publique los días y a las horas que a ti te interese, automáticamente.

Aunque Facebook favorece la publicación manual o al menos, las publicaciones programadas haciendo uso de su propia función de Programar, hay otras herramientas externas que llevan a cabo las mismas tareas. Algunas empresas prefieren utilizar herramientas de terceros, y algunas de las opciones más efectivas son: *www.Bufferapp.com*, *www.hootsuite.com* and *www.meetedgar.com*.

38. USA UN LENGUAJE Y VOCABULARIO ESPECÍFICO DIRIGIDO A TUS CLIENTES IDEALES

Tus seguidores de Facebook deberían tener una experiencia de usuario agradable cuando lean tus publicaciones. Esto se consigue en parte utilizando un lenguaje con el que se puedan identificar.

Un restaurante local debería usar un lenguaje local - palabras y frases con las que la gente del área se puede relacionar. Quizás esto incluye una mezcla de humor local y anécdotas. Este tipo de comunicación proporcionará experiencias dignas de recordar a tus seguidores de Facebook, y les hará sentirse más conectados con tu marca.

39. ANIMA A TUS CLIENTES A QUE DEJEN COMENTARIOS, Y POSICIONAR TU EMPRESA EN LA BÚSQUEDA LOCAL DE FACEBOOK

Según varias estadísticas, los clientes locales utilizan las búsquedas a través de dispositivos móviles para encontrar opiniones y comentarios de consumidores. Las listas locales de Google, también llamadas Google My Business, junto con Yelp.com, un servicio de búsqueda similar, son desde hace tiempo fundamentales a la hora de posicionar negocios en las búsquedas locales. Sin embargo, Facebook está entrando en el mercado con su propia herramienta - Servicios Profesionales de Facebook.

En 2016, el directorio de los Servicios Profesionales de Facebook se lanzarán para clasificar negocios locales para sus usuarios - poniendo una atención especial en los comentarios y opiniones de los consumidores. Las empresas necesitan animar a sus clientes para que éstos dejen comentarios en Facebook para aumentar la prueba y credibilidad social del negocio. Seguramente has comprobado por ti mismo que después de visitar un negocio local en Facebook, se te pide que dejes un comentario. Las empresas locales también deberían proporcionar información completa y actualizada en sus páginas de Facebook, incluyendo horas de operación, dirección física e información de contacto, puesto que todo esto aparece en las listas de Servicios Profesionales de Facebook.

Figura: 4.7: En www.facebook.com/services puedes buscar negocios locales en Facebook.

En la actualidad, el directorio de los Servicios Profesionales de Facebook no se han lanzado todavía en todos los países. A pesar de esto, y especialmente a medida que están disponibles de una manera más amplia, seguramente tendrán un papel importante para aquellas empresas que quieren usar Facebook para un marketing eficaz - y para aquellos que quieren sobresalir con respecto a sus competidores cuando los consumidores consideran sus opciones de compra.

40. MEJORA TU ALCANCE DIRIGIENDO NOTICIAS ESPECÍFICAS A LA AUDIENCIA ADECUADA

Si tienes más de 5,000 fans o "Me gusta" en tu página de empresa de Facebook, puedes configurar cada una de las publicaciones para que se dirijan a una audiencia determinada.

¿Por qué es una práctica recomendada? Si te diriges a un cierto grupo demográfico que está más interesado en los temas de tu contenido, puedes mejorar la participación y es una práctica recomendada para páginas de Facebook con un gran número de seguidores.

También puedes orientar tu contenido de manera específica teniendo en cuenta el idioma de tus fans. Por ejemplo, en mi propia página de Facebook en *www.facebook.com/LasseVideo* (visita la página y haz clic en "Me gusta" si aún no lo has hecho), tengo seguidores que hablan inglés y otros que hablan español. Gracias a esta orentación específica, puedo ofrecer contenido relevante para cada uno de estos grupos.

Para dirigir tu publicación de una manera específica, haz clic en el icono de destino que se muestra en la figura 4.8.

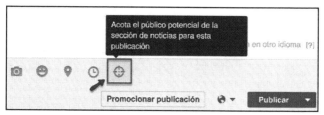

Figura 4.8: Cómo dirigirte a una audiencia específica de noticias cuando publicas en Facebook.

En la ventana pop-up que aparece verás varias opciones de destino, como las que se muestran en la figura 4.11:

- Interés.
- Edad.
- Género.
- Localización.
- Idioma.

Figura 4.9: Opciones de destino de las publicaciones en Facebook.

La mayoría de los administradores de página de Facebook no son conscientes de esta opción, y es muy recomendable que te familiarices con ella. Cada vez que la he utilizado, ha generado mejores resultados que publicando ese contenido para todos mis seguidores de Facebook.

TRES PASOS DE ACCIÓN SUGERIDOS A PARTIR DEL CAPÍTULO 4:

Echa un vistazo a las tres acciones sugeridas relacionadas con el contenido de este capítulo. Trata de completar estas acciones antes de pasar al siguiente capítulo.

- Descarga la última versión de la aplicación "Administrador de páginas de Facebook" y trata de familiarizarte con todas las funciones que tiene y conocer cómo puedes utilizarlo para compartir nuevos contenidos en tu página de Facebook.

- Revisa los consejos relacionados con cómo aumentar la participación de tu página en Facebook que tratamos en la estrategia 34. Crea una lista de al menos cinco estrategias que estás dispuesto a usar en tu página de Facebook.

- Haz una lista de videos que puedes crear y compartir en tu página de Facebook siguiendo los consejos y recomendaciones de la estrategia 36.

CAPÍTULO 5:

ESTRATEGIAS BÁSICAS DE PUBLICIDAD EN FACEBOOK

Según las estadísticas oficiales de Facebook, el gigante de las redes sociales cuenta con más de 1.4 mil millones de usuarios activos y más de 900 millones de visitas cada año. Por lo tanto, la plataforma de publicidad de Facebook es una de las herramientas de marketing más poderosas disponibles hoy en día para los negocios. Sin embargo, a los propietarios de muchos negocios les resulta confuso o frustrante empezar a usar las herramientas disponibles, por lo que limitan su alcance potencial.

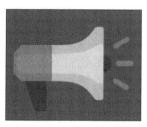

Figura 5.1: La publicidad de Facebook.

En este capítulo, aprenderás paso a paso cómo empezar a utilizar las herramientas más importantes para la publicidad en Facebook. Otros productos de publicidad más avanzados, como por ejemplo el video marketing de Facebook, se cubren en otros capítulos de este libro.

41. DESCUBRE EL VOCABULARIO BÁSICO DE LA PUBLICIDAD EN FACEBOOK

Si estás empezando a utilizar la publicidad en Facebook, podrías encontrarte varios términos nuevos de los que probablemente nunca has oído hablar antes. Para beneficiarte de las estrategias señaladas en este libro, es importante que primero entiendas la terminología clave que se utiliza en la industria.

- **Cuenta publicitaria:** Todo lo relacionado con tu actividad publicitaria está en tu cuenta de anuncios: anuncios, campañas, información de facturación, informes, etc. Si gestionas los anuncios de Facebook para una empresa, pueden darte acceso a su cuenta publicitaria.

- **Administrador de anuncios:** Aquí es donde creas nuevos anuncios o analizas tus anuncios anteriores. Cuando gestiones campañas de Facebook, se recomienda que revises tu administrador de anuncios a diario. El administrador de anuncios se puede encontrar en: *www.facebook.com/ads/manage*.

- **Pujas: Facebook** te permite pujar de manera manual o automática cuando configuras tus campañas. A menudo es más fácil para los nuevos usuarios el pujar de manera automática y por ello, podría tener unos resultados mejores. Sin embargo, todo depende de cada caso en particular y por lo tanto, conviene que pruebes ambas opciones para ver cuál es la que funciona mejor para ti.

- **Campaña:** Para organizar todos tus anuncios, Facebook ha creado la siguiente estructura: Campaña > Configuración del anuncio > Anuncio. Cada campaña puede tener varios conjuntos de anuncios, y cada conjunto de anuncios puede tener varios anuncios.

- **Presupuesto de la campaña:** Es la cantidad de dinero que estás dispuesto a pagar por cada una de tus campañas. Puedes gestionar varias campañas simultáneamente y modificar el presupuesto a medida que las campañas avanzan.

- **Conversiones:** Esto está relacionado con las acciones que los clientes han completado, es decir, si han comprado un producto o se han registrado para recibir la newsletter.

- **Coste por visitante (CPL):** Coste de los visitantes atraídos gracias a la publicidad de Facebook. Esta es una de los parámetros más importantes que necesitas monitorizar y seguir.

- **Coste por clic (CPC):** El coste medio de los clics generados por la publicidad de Facebook.

- **CPM (Coste por 1,000 Impresiones):** El coste medio por cada 1,000 impresiones en su anuncio de Facebook.

- **Proporción de clics (CTR):** El número de clics que generó tu anuncio dividido por el número de impresiones. Cuánto más efectivo sea el anuncio, como norma general mayor proporción de clics (CTR) tendrá.

- **Frecuencia:** El promedio de veces que su anuncio se muestra a cada usuario de Facebook.

- **Objetivo:** Cada anuncio de Facebook debería tener un objetivo específico, como por ejemplo, visitas a una página web, conversiones de páginas web, o una mejora de la participación en tus publicaciones de Facebook.

- **Participación en la página:** Número de acciones relacionadas con las publicaciones de tu página como resultado de tu anuncio.

- **Alcance:** Número de personas que ven tu publicidad en Facebook.

- **Puntuación de relevancia de los anuncios:** Puntuación del 1 - 10 indicando lo relevante que es tu anuncio para tu audiencia.

- **Informes:** Los resúmenes de datos y parámetros importantes relacionados con tu campaña de publicidad en Facebook se encuentran en *www.facebook.com/ads/manager*.

Los aspectos señalados anteriormente no constituyen una lista exhaustiva; sin embargo, ofrece terminología fundamental que es necesario entender antes de crear o mejorar tus campañas de anuncios en Facebook.

42. DESCUBRE LOS CONCEPTOS BÁSICOS DE LA PUBLICIDAD DE FACEBOOK

Antes de comenzar con la creación de anuncios, tenemos que tratar de entender la estrategia general que hay detrás de esta actividad. La publicidad de Facebook te permite llegar a tus clientes ideales; sin embargo, es un proceso gradual que conlleva probar varias opciones diferentes, y no se pueden esperar resultados de manera inmediata.

DÓNDE SE PUEDE MOSTRAR TU ANUNCIO EN FACEBOOK

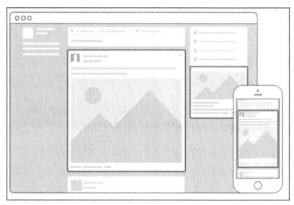

Figura: 5.2: Situación de los anuncios en Facebook (Fuente de la imagen: www.facebook.com/business/ads-guide).

Actualmente, Facebook ofrece la posibilidad de mostrar tu anuncio en tres localizaciones diferentes:

- **Noticias:** En la ventana primaria y por defecto de Facebook, donde verás todas las historias y todas las noticias (en el escritorio).

- **Columna situada a la derecha:** En la columna situada a la derecha (en el escritorio).

- **En las noticias desde un dispositivo móvil:** En un área central al visitar Facebook desde tu dispositivo móvil.

Para la mayoría de los mercados, la disposición en el muro de noticias suele ser la más efectiva. Las imágenes del anuncio pueden ser más grandes, y también puedes incluir más texto. Para mostrar tus anuncios en el muro de noticias se necesita una página de Facebook. Así mismo, la publicidad dirigida a los dispositivos móviles es una manera muy eficaz para alcanzar nuevos usuarios que no conozcan tu empresa o marca, ya que más del 80% de los usuarios de Facebook acceden a la red social desde su móvil.

CUATRO ELEMENTOS DE UNA CAMPAÑA DE PUBLICIDAD EFECTIVA EN FACEBOOK

Es fundamental entender los cuatro elementos siguientes a la hora de crear campañas de publicidad efectivas en Facebook:

- **Oferta convincente:** Ofrece algo que tus clientes ideales quieran y algo que sea valioso para ellos.

- **Público objetivo:** Intenta encontrar a tus clientes ideales utilizando las opciones avanzadas de Facebook para dirigirte a una audiencia determinada.

- **Imagen atractiva para el anuncio:** Intenta que la imagen de tu publicidad sea relevante e interesante para tu público objetivo.

- **Página de inicio específica:** Dirige el tráfico a una página que sea relevante y que esté relacionada con tu oferta, no sólo con tu página web principal.

Figura 5.3: Cuatro elementos de una campaña de publicidad efectiva en Facebook

Un poco más adelante en este capítulo trataremos con más detalle cada uno de estos elementos.

CUATRO ASPECTOS QUE NECESITAS SABER ANTES DE EMPEZAR

¿Cuál es tu objetivo o qué producto específico quieres promocionar? Decide si quieres atraer más visitas a tu sitio web, conseguir más suscripciones por correo electrónico, o promocionar alguna oferta específica. Nunca utilices Facebook para promocionar tu página web principal sino para crear actividades promocionales específicamente dirigidas a tu público objetivo para tu producto más rentable.

¿Qué presupuesto tienes? Cada campaña tiene su propio presupuesto independiente que establecerá la máxima cantidad que puedes gastar. Recomiendo empezar con un presupuesto ajustado para comprobar el progreso de tu actividad publicitaria mientras descubres lo que se ajusta mejor a tus necesidades.

¿Cuál es el margen de beneficios de tu producto? ¿Qué ganancias generará cada venta en relación a los costes que conllevará el hacerlo? Trata de analizar cuidadosamente cuál es tu margen de beneficios para cada uno de los productos que promocionas.

¿Cuánto estás dispuesto a pagar para obtener nuevos clientes? Calcula cuidadosamente tu margen de beneficios comparándolo con cuánto (o cuánto más) estás dispuesto a gastar en relación con ese margen.

Facebook te permite empezar con un presupuesto tan ajustado como $5. También puedes pausar o finalizar tu campaña en cualquier momento.

43. Aprende de los errores de publicidad más comunes en Facebook y cómo evitarlos – Parte I

Entender los fracasos más comunes cometidos por otros te ayudará a evitarlos. Antes de descubrir las acciones paso a paso que conlleva crear una campaña rentable de anuncios en Facebook, revisa algunos de los ejemplos problemáticos siguientes:

- **No tener paciencia:** Demasiados propietarios de negocios ponen en marcha campañas de Facebook esperando resultados inmediatos. Los retrasos necesarios causan frustración, y causan una disminución en la motivación para aprender cómo vender el producto de una manera efectiva. Es importante tener paciencia y tratar de aprender algo nuevo siempre.

  La publicidad de Facebook es un mundo propio que ofrece muchas sorpresas y frustraciones. Pero tendrás éxito si sigues cuidadosamente y con paciencia todas las estrategias que se ofrecen en este libro. Acepta el hecho de que no todo será perfecto, y que una campaña efectiva es una experiencia de aprendizaje continua.

- **No tener objetivos claros:** Cada campaña necesita un objetivo de negocio específico. El más común es conseguir más clics en el sitio web, conseguir más participación para tus publicaciones en Facebook o generar más conversiones de páginas web. No empieces ninguna campaña de publicidad en Facebook antes de tener un objetivo claro y definido.

- **Mentalidad "crear la campaña y olvídalo":** Necesitas comprobar tus informes de Facebook cada día para analizar los resultados y conseguir mejoras. Nunca comiences una campaña y la dejes abandonada sin hacer un seguimiento de los resultados. Hacerlo casi siempre conllevará una pérdida de dinero.

- **Crear tan sólo un anuncio:** Acostúmbrate a crear siempre varios anuncios, y no uno sólo. Tener diferentes anuncios te ayudará a probar diferentes imágenes para tus anuncios, y dirigirte a diferentes audiencias - permitiéndote darte cuenta de qué es lo que funciona y lo que no, y más tarde distribuyendo tu presupuesto de una manera más efectiva.

- **Promocionando una publicación:** Debajo de cada publicación hay un botón llamado "Promocionar tu publicación." Recomiendo no utilizar esta función porque te limita a la hora de seleccionar las mejores opciones para dirigirte a una audiencia concreta y a la hora de usar otras funciones que pueden hacer que tu anuncio sea más efectivo. Está bien promocionar publicaciones de vez en cuando pero hazlo desde tu herramienta de creación de anuncios de Facebook: *www.facebook.com/ads/create*.

Figura 5.4: Botón de promocionar publicación.

44. APRENDE DE LOS ERRORES DE PUBLICIDAD MÁS COMUNES EN FACEBOOK Y CÓMO EVITARLOS – PARTE II

¿Te interesa conocer algunos de los errores más comunes que conviene evitar? Los errores que aparecen más abajo son algunos ejemplos que los anunciantes primerizos cometen más a menudo en Facebook.

- **No probar diferentes imágenes:** Casi el 80% del éxito de tus anuncios en Facebook está relacionado con la efectividad de la imagen que uses. No es fácil saber a qué tipo de imagen responderá mejor tu público objetivo. Por lo tanto, intenta colocar dos o tres imágenes en cada anuncio. Facebook mostrará automáticamente cada una de las imágenes y podrás comprobar fácilmente qué imagen obtuvo mejores resultados. Elimina las imágenes que no funcionan y destina más presupuesto a aquellas imágenes que funcionan mejor.

- **"La regla del 20% para el texto" en las imágenes de un anuncio:** La imagen de tu anuncio en Facebook puede incluir una breve llamada a la acción o una pregunta, pero Facebook no te permite usar más del 20% del espacio para el texto. Para ahorrar tiempo y esfuerzo, utiliza siempre esta herramienta gratuita de Facebook para ver si tu imagen tiene más de un 20% de texto: *www.facebook.com/ads/tools/text_overlay.*

- **Piensa que todo el mundo en Facebook es tu cliente:** Las opciones para dirigirte a una audiencia concreta en Facebook te permiten dirigirte a un público objetivo muy específico, y por lo tanto te dan la oportunidad de pagar menos para conseguir una eficacia mayor. Un error muy común consiste en no utilizar las opciones para dirigir tus anuncios de Facebook, y en su lugar tratar de llegar a todo el mundo en Facebook, independientemente de la audiencia. Las opciones del anuncio para dirigirte a una audiencia en particular se tratan con más detalle más adelante en este capítulo del libro.

- **No dedicar el tiempo suficiente para aprender de tus resultados:** Conviene que eches un vistazo a diario a los informes de Facebook para analizar los parámetros, comprobar qué anuncios funcionan y cuáles no. Hablaremos de los parámetros más esenciales al final de este capítulo. Intenta reservar tiempo para analizar los resultados cada día, y para aprender de los informes relacionados con cada una de las partes.

- **No familiarizarte con las políticas de publicidad de Facebook:** El no cumplir con las políticas de publicidad de Facebook puede resultar en la expulsión del servicio, y en la eliminación de todo tu contenido de los servidores. Tómate todo el tiempo que necesites para leer las diferentes políticas, entender los términos que estás aceptando al usar el servicio, y lo que puedes y no puedes hacer. Las políticas de publicidad se pueden encontrar en *www.facebook.com/policies/ads.*

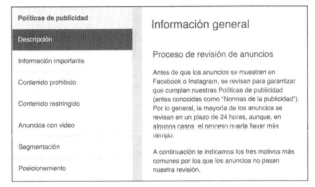

Figura 5.5: Captura de pantalla de las políticas de publicidad de Facebook.

45. CREA UNA OFERTA CONVINCENTE PARA TU ANUNCIO

Vamos a tratar ahora del primer elemento de una campaña de marketing efectiva en Facebook - tu oferta. Como ya se señaló anteriormente, evita crear campañas genéricas sin una oferta específica o campañas que sólo promocionan el nombre de tu negocio. Esas campañas no generarán los resultados que estás buscando.

Los siguientes son algunos ejemplos de ofertas atractivas que algunos negocios podrían crear:

- **Prueba gratuita:** Un gimnasio o club de salud local podría promocionar una prueba gratuita, motivando a la gente para que prueben sus instalaciones. U determinado porcentaje de la gente que hace uso de una prueba gratuita se registrará para una suscripción de pago.

- **Suscripción gratuita a una newsletter:** Las empresas que promocionan un servicio pueden ofrecer una newsletter gratuita. Ofrecer información valiosa a la vez que promocionas tu marca es una manera excelente de aumentar tu audiencia y conseguir un mayor reconocimiento de tu marca.

- **Bonificación especial:** Organizadores de eventos, grupos de música y oradores públicos podrían ofrecer una bonificación especial si la gente se registra para su evento antes de una fecha en particular. Los restaurantes y hoteles también pueden utilizar esto ofreciendo un postre gratis o una comida extra cuando un grupo de gente acude a comer.

- **Sesión gratuita:** Los entrenadores o consultores de negocio pueden una primera sesión de evaluación gratuita. Normalmente se tratará de una sesión rápida y también permitirá al consultor evaluar si el cliente se ajusta al servicio que ofrece.

- **Formación gratuita:** Los vendedores online o los profesionales de los negocios pueden ofrecer un seminario o webinar online gratuito para enseñar algo significativo, incluyendo al final de la lección una oferta para el producto vendido.

Las ofertas anteriores son sólo algunos ejemplos; las posibilidades son infinitas.

El ofrecer un descuento puede disminuir el valor percibido de un producto, haciendo que sea más difícil venderlo después al precio normal. Sin embargo, los descuentos pueden también ser una herramienta muy valiosa si conoces tu margen de beneficios y calculas la rentabilidad de la inversión de tu campaña.

La audiencia general de Facebook a la que te estás dirigiendo no te conoce ni confía en ti todavía, por ello el objetivo principal de tener una oferta atractiva es precisamente el generar credibilidad. Una vez que se ha establecido, resultará más fácil gestionar tu negocio actual.

46. SELECCIONA EL PÚBLICO OBJETIVO ADECUADO PARA TU ANUNCIO

El conocer tu público objetivo es probablemente el elemento más importante de una campaña de anuncios efectiva en Facebook. Ninguna otra plataforma te permite dirigirte a una audiencia concreta de una forma tan precisa como Facebook, y por ello merece la pena tomarse el tiempo necesario para aprender cómo hacerlo. Cuánto más selectivo seas a la hora de dirigirte a tu audiencia, más gente responderá a tu anuncio y menos tendrás que pagar. Una selección y orientación efectiva hace que se obtenga una rentabilidad mayor.

Facebook tiene una herramienta gratuita de creación de audiencia, que encontrarás en *www.facebook.com/ads/create.* Tan sólo tienes que seleccionar el objetivo para tu campaña y dirigirte a la página siguiente (puedes usar esto sin necesidad de crear tu campaña). En la página siguiente verás la herramienta de audiencia.

Cuando crees tu primera audiencia, intenta identificar la edad, género y los intereses de tu cliente ideal. Más tarde, puedes hacer que estos criterios sean más específicos. Idealmente tendrías que crear diferentes audiencias para cada una de tus campañas y analizar cuál de ellas responde mejora tu anuncio.

Este es un ejemplo de una audiencia concreta para una tienda online que vende equipamiento para senderistas en Estados Unidos.

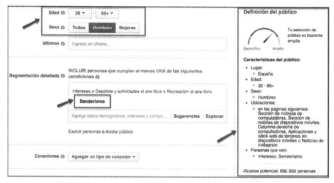

Figura 5.6: Ejemplo de selección de una audiencia en Facebook.

Selección de un público objetivo interesado en el senderismo y que viva en España. Esta audiencia se ha seleccionado teniendo en cuenta los criterios siguientes:

Región geográfica: España
Edad: 30 - 65
Género: Hombres
Intereses: Senderismo

Como puedes observar a partir de la figura 5.6, Facebook indica que el tamaño de la audiencia es de 680 000 personas. Es una audiencia demasiado amplia para nuestros objetivos.

Para reducir tu audiencia, limita más el alcance geográfico a aquellos lugares donde el senderismo es una actividad más popular (ya indiqué anteriormente en el libro cómo puedes averiguar este dato usando Google Trends). También puedes restringir la edad de los clientes, o encontrar otros intereses específicos que puedan interesar a los senderistas apasionados. ¿Hay quizá alguna revista de senderismo a la que te puedas dirigir o algún senderista influyente que tenga un gran número de seguidores?

Este fue un ejemplo rápido y simple usando unos datos demográficos básicos. Sin embargo, Facebook cuenta con algunos parámetros adicionales más para dirigirte a una audiencia determinada, como por ejemplo: lugar de trabajo, estado civil, comportamiento y hábitos de viaje.

Intenta crear al menos tres opciones diferentes de audiencia para probar y comprobar cuál funciona mejor para tus objetivos de negocio. Una vez que hayas encontrado una audiencia que produce unos resultados óptimos, destina más presupuesto a esa campaña en concreto. También puedes tener en cuenta otras opciones avanzadas para seleccionar a tu público objetivo, detalles que trataremos en el próximo capítulo de este libro.

OPINIÓN DE EXPERTO – ANGEL MORÁN

Para mi lo mejor que ofrece la publicidad de Facebook es la posibilidad de testear rápidamente las campañas. Cuando lanzamos una campaña en **Facebook Ads** *la dejamos avanzar durante varias horas (en función del gasto, pero mínimo 3 horas), para ver como funciona, basándonos en las siguietes variables:*

- *Ver la reacción y el alcance de los usuarios (el público objetivo al que queremos dirigirnos con la campaña).*

- *Validar si interactúan, si hacen clic en el anuncio.*

- *Mirar si el CPC (coste por clic) es bajo y/o si el CPM (coste por mil impresiones) nos está compensando.*

Lo mejor de la publicidad de Facebook es que rápidamente te puede dar la información que te ayudará a entender la eficacia de la campaña.

Los 4 factores que debemos analizar y a los que debemos atender para realizar los pequeños cambios para mejorar las campañas son:

— **El público objetivo:**

Nuestra experiencia nos dice que debemos ejecutar al menos el 25% del presupuesto total de la campaña, antes de validar este testeo. Por ejemplo, en este punto si el 78% de los resultados vienen referidos a mujeres entre 25-44 años, ya sabemos hacia donde dirigir el 75% de la campaña restante.

— **Ubicación de la campaña:**

Es importante decidir si dirigimos la publicidad para los usuarios de desktop o de móvil.

— **Texto e Imágenes:**

Tener un texto apropiado y unas imágenes que capten la atención del usuario es lo más importante en una campaña. Facebook nos permite poner varias fotos con el mismo texto para verificar cuál de ellas funciona mejor.

— **Temporización:**

En este punto debemos comprobar si tenemos mejores resultados para las campañas durante el fin de semana o los días laborables.

Con este testeo hemos podido mejorar las campañas y casi siempre generamos resultados considerablemente mejores que al comenzar con las campañas.

Angel Morán
Director en www.liderazgoenlared.com

47. UTILIZA IMÁGENES DE ANUNCIO EFECTIVAS EN FACEBOOK

La primera regla a seguir a la hora de elegir una imagen para tu anuncio es hacer que sea relevante e interesante para tu público objetivo. Utiliza algo que les conquiste y entretenga, al mismo tiempo que sea adecuada para la naturaleza de tu negocio. El color también importa. Más abajo hay dos imágenes que explican cómo esto funciona en la práctica. El anuncio amarillo en la izquierda llama la atención; el anuncio blanco a la derecha se pasa de largo. Como regla general, evita usar blanco y azul - los colores de Facebook - porque tu contenido podría confundirse con el fondo.

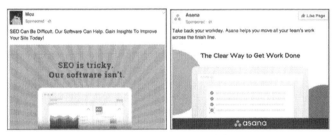

Figura 5.7 – Figura 5.8:
Dos ejemplos de anuncios en Facebook.

También se recomienda que utilices las mismas imágenes que en la página de inicio de tu página web (la primera página de tu sitio web donde se dirige a la gente que ve tu anuncio y hace clic en tu imagen). Además, si utilizas caras de personas se creará una conexión mayor con tu producto o servicio, más clics y una respuesta mayor en general - especialmente si la persona en el anuncio es una figura conocida en ese negocio o industria, o muy conocida por la audiencia a la que te diriges.

¿Quieres aprender de los anuncios de otros negocios? Empieza ahora y haz capturas de pantalla de cualquier anuncio de Facebook que capte tu atención; guarda los anuncios en una carpeta específica para revisarlos más tarde, incluyendo la razón por la que te llamaron la atención e indica cómo podrías utilizar esa información para tus propios contenidos. El hacer esto para mí mismo durante los 3 últimos años me ha ayudado a reconocer patrones de éxito que las empresas utilizan en las imágenes de sus anuncios.

La herramienta más fácil para empezar a crear tus anuncios es Canva, que te ofrece plantillas gratuitas que puedes usar libremente en: *www.canva.com/create/social-media-graphics.*

48. USA UNA PÁGINA DE ATERRIZAJE EFECTIVA PARA TUS ANUNCIOS EN FACEBOOK

Una página de aterrizaje– el sitio web al que se dirige el tráfico una vez que se hace clic en un anuncio - es otro de los aspectos del marketing que a veces se pasan por alto. Cada una de tus campañas de anuncios debería enlazar con una página de destino que sea relevante para tu anuncio. Si tu anuncio prometía algo, asegúrate de que se proporciona toda la información necesaria (o que se encuentra fácilmente después de llegar) a esa página de destino.

Pudiera ser necesario o apropiado crear una página de destino diferente específica para la audiencia que hayas seleccionado (y que cumpla lo que prometiste en tu anuncio). Evita enviar el tráfico directamente a la página de inicio de tu sitio web.

LeadPages es un programa recomendado para ayudar a los novatos a crear rápidamente páginas de destino móviles;

no requiere código ni ninguna experiencia en desarrollo de páginas web. Personalmente he utilizado LeadPages durante varios años, y lo recomiendo para todo tipo de pequeños negocios y profesionales que quieran crear páginas de destino efectivas.

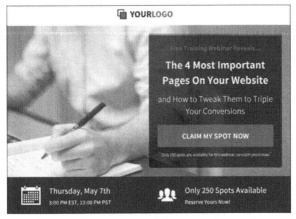

Figura 5.9: Ejemplo de una plantilla para páginas de aterrizaje en LeadPages.

LeadPages ofrece varias plantillas diferentes para todo tipo de negocios que son muy fáciles de personalizar. Puedes encontrarlas en *www.leadpages.net*. Otros servicios similares de páginas de aterrizaje incluyen *www.unbounce.com* y *www.instapage.com*.

49. ANALIZA LOS PARÁMETROS Y RESULTADOS DE LA PUBLICIDAD EN FACEBOOK

"Lo que se mide se mejora." Esta es una cita famosa del consultor de gestión Peter Drucker, y tiene razón en cuanto al tema que nos ocupa. Como ya mencionamos anteriormente, muchos negocios no invierten el tiempo y esfuerzo necesario para entender cómo pueden mejorar sus campañas. Sin embargo, la medición y el aprendizaje a partir del rendimiento constituyen una parte esencial de la publicidad de Facebook.

Algunos de los parámetros que conviene que analices en cada campaña incluyen:

- **Gastos:** ¿Cuánto dinero se ha gastado?
- **Clics:** ¿Cuántos clics se han generado?
- **Coste por clic o CPC:** ¿Cuál es el coste de cada clic?
- **Proporción de clics (CTR):** Cuánto más alta es CTR, mejor está funcionando tu anuncio.

Los informes de tu publicidad se pueden encontrar en *www.facebook.com/ads/manager*. Como puedes ver en la imagen inferior, puedes recoger información básica como por ejemplo: los gastos realizados en los últimos 7 días, resultados, alcance y coste. Al hacer clic en el nombre de cada campaña se te mostrará un desglose más detallado de todos los parámetros.

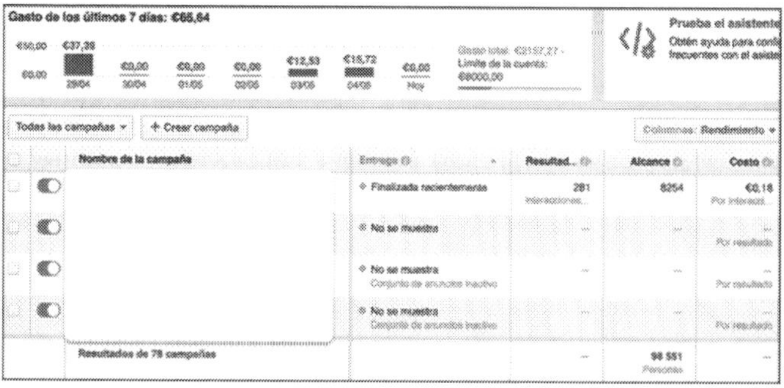

Figura 5.10: Vista ejemplo de los informes de publicidad del administrador de anuncios de Facebook.

Al poner en marcha una de tus campañas, intenta probar diferentes audiencias y diferentes imágenes para los anuncios. Facebook muestra los resultados que se están generando por lo que puedes asignar tu presupuesto de una manera más efectiva.

Los informes de Facebook también indican qué parte de tu público objetivo responde mejor a tus anuncios. En la imagen inferior, puedes comprobar que las personas con una edad entre 35 - 44 años fueron los que respondieron mejor a este anuncio. La conclusión sería dirigirse sólo a este segmento en la siguiente campaña; normalmente esto conllevaría un menos coste por clic y generaría una mayor rentabilidad de la inversión.

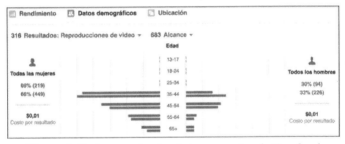

Figura 5.11: Los resultados de los anuncios de Facebook ilustrados de acuerdo con la edad y el género de la audiencia.

Según Facebook, los parámetros de rendimiento del anuncio se actualizan en tiempo real. Por lo tanto, se aconseja revisarlos varias veces al día y hacer un seguimiento de su estado.

Existen varias opciones avanzadas para medir de una forma más precisa y para mejorar la eficacia de tu campaña, pero puedes empezar siguiendo los consejos básicos que indicamos en este capítulo.

50. APRENDE DE LAS PREGUNTAS FRECUENTES RELACIONADAS CON LA PUBLICIDAD DE FACEBOOK

¿Estás deseando empezar con tu primera y poner a prueba todos estos consejos en la vida real? Antes de que lo hagas, aquí hay algunas preguntas y respuestas que preguntan a menudo mis estudiantes de consultoría.

¿Qué tipo de texto recomiendas usar en los anuncios de Facebook?

- Menciona a tu público objetivo en la primera frase: Por ejemplo: ¿Eres un amante de los perros que quiere…?

- Preguntas: Empezar con una pregunta capta la atención de la gente y normalmente produce buenos resultados. Por ejemplo: ¿Quieres conseguir más _____?

- Llamadas a la acción: Si usas un párrafo corto, intenta terminarlo con una breve llamada a la acción. Por ejemplo, haz clic aquí para _____.

- Testimonio: Puedes colocar una breve experiencia de un cliente entre comillas para que los usuarios entiendan que se trata de la opinión de alguien acerca de tu producto.

¿Cuál es el tamaño de las imágenes de los anuncios de Facebook?

Anuncios en el muro de noticias: 1,200 x 628 pixeles.
Tamaño de la imagen en la columna derecha: 254 x 133 pixeles.
Anuncios del carrusel: 600 x 600 pixeles (los anuncios del carrusel se explicarán en el próximo capítulo).

¿Puedo establecer un límite para mi cuenta de publicidad de Facebook?

Sí, puedes establecer un límite específico para tu cuenta de publicidad en conjunto, y también individualmente para cada una de las campañas. Cuando crees tu anuncio se te preguntará si quieres seleccionar un presupuesto diario o un presupuesto de por vida. Los presupuestos diarios siempre han funcionado mejor para mí, y por eso los recomiendo a mis clientes.

¿Durante cuánto tiempo pueden funcionar eficazmente mis anuncios?

El término de fatiga de entrega se refiere a cuando tu audiencia empieza a ver el mismo anuncio demasiadas veces; cuando esto ocurre, Facebook empezará a limitar su alcance. Por otra parte, si tus anuncios del muro de noticias siguen recibiendo comentarios positivos y "me gusta", entonces Facebook podría mantenerlo funcionando por más tiempo.

Para continuar una vez que tus anuncios se han quedado obsoletos, puedes renovar la misma campaña pero con un público objetivo diferente o una imagen diferente.

¿Debería responder a los comentarios de la gente en mis anuncios?

¡Por supuesto! Cuánta más participación generen tus anuncios (comentarios, me gusta o contenidos compartidos), mejor funcionarán tus anuncios. Normalmente, esto también te ayudará a pagar menos. Conviene que siempre respondas a los comentarios rápidamente y que animes a la gente a que haga más preguntas.

¿Cómo puedo ponerme en contacto con alguien del equipo de ayuda de la publicidad de Facebook?

Puedes ponerte en contacto con ellos utilizando el correo electrónico de ayuda que se proporciona en esta página: *www.facebook.com/business/contact-us.*

TRES PASOS DE ACCIÓN SUGERIDOS A PARTIR DEL CAPÍTULO 5:

Echa un vistazo a las tres acciones sugeridas relacionadas con el contenido de este capítulo. Trata de completar estas acciones antes de pasar al siguiente capítulo.

- Revisa y aprende el vocabulario de publicidad básico de Facebook que se indicó en la estrategia 41, porque es importante conocer estos términos antes de comenzar tus campañas de anuncios.

- Haz una lista de cómo podrían ser tus primeros anuncios de Facebook y escribe cómo podrían ser los diferentes elementos: tu oferta, tu público objetivo, la imagen de tu anuncio y tu página de destino (estrategia 42).

- Estudia cuidadosamente la estrategia 46 y aprende cómo funciona la selección de una audiencia para un anuncio en Facebook. Visita *www.facebook.com/ads/create* y crea tu primer anuncio dirigiéndote a tu audiencia ideal sin empezar la campaña.

CAPÍTULO 6:

ESTRATEGIAS AVANZADAS DE PUBLICIDAD EN FACEBOOK

En este capítulo, encontrarás consejos y estrategias adicionales para la publicidad en Facebook. Aunque la palabra "avanzada" está en el nombre del capítulo, no te asustes si acabas de empezar. La mayoría de estas técnicas son bastante fáciles de implementar y la palabra "avanzada" simplemente se usa para diferenciarlas de las estrategias básicas que vimos en el capítulo anterior.

Resumiendo, te recomiendo aplicar cada una de estas estrategias, porque pueden hacer una diferencia significativa en tus resultados de publicidad si se implementan de manera correcta.

51. REGISTRARSE CON EL BUSINESS MANAGER DE FACEBOOK

Si creas campañas de Facebook para tus clientes o usas más de una cuenta de publicidad en Facebook, conviene que te registres con el Business Manager de Facebook. El Business Manager es una manera segura de gestionar tus páginas y cuentas de publicidad, y te permite dar acceso a tus empleados a tus cuentas de anuncios.

La interfaz central te permite cambiar fácilmente y rápidamente tus detalles de facturación y cualquier otro tipo de información esencial relativa a tus campañas de publicidad en Facebook. Si alguna vez tienes problemas con tus anuncios de Facebook y necesitas ponerte en contacto con el servicio de ayuda para anuncios, normalmente agradecen que tengas acceso al Business

Manager, porque esto les dará una visión más precisa de tu negocio.

Puedes crear tu cuenta en el Business Manager de Facebook en: *https://business.facebook.com.*

52. GESTIONA TUS CAMPAÑAS DE PUBLICIDAD EN FACEBOOK SOBRE LA MARCHA CON LA APLICACIÓN MÓVIL DEL ADMINISTRADOR DE ANUNCIOS DE FACEBOOK

Este consejo en particular no es una estrategia avanzada, sino una recomendación que todos los anunciantes deberían seguir. El administrador de anuncios de Facebook permite a los anunciantes disfrutar de estas ventajas :

- Recibe notificaciones con respecto a tus campañas.
- Modifica o haz cambios a tus campañas rápidamente.
- Haz un seguimiento de tus gastos en publicidad.
- Crea nuevos anuncios o interrumpe los anuncios que no son efectivos.
- Evalúa y analiza las estadísticas.

Figura 6.1: Administrador de anuncios de Facebook – Crédito de la imagen: iTunes store.

La aplicación para el administrador de anuncios de Facebook se puede descargar aquí:

Enlace al Apple App Store:
https://itunes.apple.com/us/app/facebook-ads-manager/id964397083

Enlace al Google Play Store:
https://play.google.com/store/apps/details?id=com.facebook.adsmanager

53. FAMILIARÍZATE CON EL POWER EDITOR DE FACEBOOK

El Power Editor de Facebook sirve como una herramienta avanzada de creación de anuncios, que cuenta con una gran variedad de funciones útiles que pueden ayudarte a sacar provecho de todas las oportunidades que ofrecen los componentes de publicidad de Facebook. El Power Editor puede parecer una pérdida de tiempo cuando empiezas a utilizarlo por primera vez, pero en última instancia te permitirá ejecutar tus campañas de una manera más efectiva una vez que te hayas acostumbrado a él.

Esta herramienta se ha diseñado para anunciantes que quieren crear simultáneamente varias campañas de anuncios en Facebook (o "a escala"), y los elementos que aparecen a continuación son tan sólo algunas de sus ventajas:

- Más opciones para el número de caracteres que tu anuncio puede utilizar. Los anuncios típicos de las noticias más recientes están limitados a 90 caracteres. El Power Editor aumenta estos límites.

- La posibilidad de crear una publicación de página y no publicarla: Básicamente, esto te permite crear anuncios para la sección de noticias que parecen una publicación normal, pero sin necesidad de que aparezcan en el muro de últimas noticias en Facebook. Esto te da la oportunidad de probar varias variaciones de anuncios sin molestar a tus seguidores de Facebook.

- Más opciones para crear rápidamente varias campañas o conjuntos de anuncios, probando con diferentes variables de anuncio.

- La posibilidad de utilizar la función de edición en bloque, que te permite modificar tus anuncios más rápido y ahorrar tiempo.

- Posibilidad de duplicar anuncios, conjuntos de anuncios y campañas.

Hay muchas otras ventajas que se derivan de la utilización de la función Power Editor, y como ocurre con cualquier herramienta, se necesita tiempo para descubrir todas sus increíbles características.

Puedes empezar a utilizar el Power Editor de Facebook en: *www.facebook.com/ads/manage/powereditor*. Asegúrate de que estás navegando desde el navegador Chrome, porque esta función no está disponible para el resto de los navegadores.

54. APROVÉCHATE DE LAS OPORTUNIDADES LOCALES DE PUBLICIDAD EN FACEBOOK

Facebook ofrece a los negocios numerosas oportunidades y herramientas nuevas para ayudarles a promover sus negocios de manera local. Facebook parece tener un interés especial en atraer empresas para que se anuncien con ellos en sus mercados locales. Al crear un anuncio en Facebook y usar las opciones para seleccionar un público objetivo de las que se habló anteriormente, puedes añadir una capa extra para concretar el público al que deseas llegar, dirigiéndote sólo a usuarios de Facebook que se encuentren a una distancia determinada de tu negocio.

Esta opción de publicidad es extremadamente importante, pero sólo algunos negocios locales se aprovechan de ella. Imagina que quieres abrir un nuevo estudio de yoga en Manhattan, Nueva York, en el código postal 10018. Seleccionar tu público objetivo es sencillo: Escribe el código postal y Facebook limitará el alcance de tu anuncio a aquellos consumidores situados dentro de esa área determinada.

Más abajo puedes ver un ejemplo de este tipo de selección y segmentación de un público objetivo. Observa que este anuncio podría llegar a 6,300 personas de entre 20 - 50 años de edad a los que les gusta el yoga y que vivan en el código postal 10018. ¿Puedes imaginarte el efecto que tendría este tipo de publicidad en tu negocio local?

Figura 6.2: Ejemplo que explica cómo definir un público local con los anuncios de Facebook.

La selección del público objetivo de Facebook solía funcionar sólo en los Estados Unidos, pero ahora está disponible para la gran mayoría de los países. La prueba que he hecho utilizando esta opción ha producido unos resultados excelentes.

ANUNCIOS LOCALES DE FACEBOOK CON FINES DE CONCIENCIACIÓN Y SENSIBILIZACIÓN

La mayoría de los objetivos de los anuncios de Facebook (como impulsar y fomentar una publicación, generar más visitas a una página web, etc.) te permiten utilizar la función de selección de un público local, pero Facebook ha lanzado los anuncios locales de Facebook con fines de concienciación, que incluyen llamadas a la acción específicas, como por ejemplo conseguir direcciones o llamar al negocio directamente.

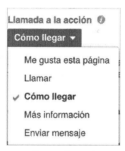

Figura 6.3: Diferentes llamadas a la acción que se pueden seleccionar con los anuncios locales de Facebook con fines de concienciación.

La única desventaja que existe a la hora de utilizar anuncios locales de Facebook con fines de concienciación es que, en el momento de escribir este libro, Facebook no permite que los uses para dirigirte a un público determinado de manera interesada (por ejemplo, los restaurantes chinos no pueden dirigirse a personas a las que les guste la comida china, como podrían hacer con las opciones de otro tipo de anuncios).

Para empezar a utilizar anuncios locales de Facebook con fines de concienciación, selecciona la opción "Llegar a gente cerca de tu negocio" cuando elijas el objetivo de tu campaña en *www.facebook.com/ads/create*.

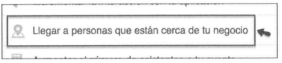

Figura 6.4: Tienes que seleccionar el objetivo del anuncio al crear anuncios locales de Facebook con fines de concienciación.

55. SACA PARTIDO DEL PODER DEL RE-MARKETING EN FACEBOOK

¿Te ha pasado esto alguna vez: Estar viendo un producto específico en Amazon.com y ver un poco después un anuncio en Facebook para ese mismo producto que viste en Amazon? Así es como funciona el re-marketing. Este tipo de anuncios solían ser bastante caros y bastante difíciles de gestionar, pero hoy en día puedes empezar a usarlos de manera gratuita siguiendo una serie de pasos.

Hoy en día, cuando el re-marketing se hace de la manera adecuada., es probablemente la forma más rápida en la que los negocios online o los propietarios de negocios pueden mejorar el rendimiento de su inversión mediante el marketing en Facebook

CÓMO EMPEZAR A UTILIZAR EL RE-MARKETING EN FACEBOOK

Para comenzar, puedes instalar un código de píxel de Facebook en tu página web, que empezará a hacer un seguimiento de todos los visitantes de tu página web, permitiéndote que puedas dirigirte a ellos posteriormente con tus anuncios. Este código se instala una vez en tu página web principal, pero te permite crear audiencias en función de parámetros diferentes (por ejemplo, personas que visitaron una página concreta en tu sitio web, pero que no compraron nada).

Puedes encontrar el código de píxel de Facebook en el administrador de anuncios en *www.facebook.com/ads/manager/pixel/facebook_pixel* e instalarlo por tu cuenta o hacer que lo instale tu desarrollador en tu sitio web.

La gente que visita tu sitio web formará parte de tu público durante un máximo de 180 días desde el día en que visitaron tu sitio web, y se recomienda que instales este código tan pronto como sea posible, incluso si no vas a anunciarte durante varias semanas, porque te ayudará a construir tu audiencia potencial.

56. UTILIZA LOS PÚBLICOS PERSONALIZADOS DE FACEBOOK

Cuando alguien ve tu anuncio en Facebook, la mayoría de las veces esas personas ni te conocen ni confían todavía en ti. El construir confianza y credibilidad es uno de los principales objetivos del marketing que tendrás que considerar antes de esperar que un cliente potencial tome una decisión de compra.

¿Pero qué pasaría si pudieras dirigirte a personas que ya te conocen a ti y a tu negocio? Con los públicos personalizados de Facebook puedes mostrar anuncios a personas que están en tu lista de correo o a aquellos que ya han sido tus clientes anteriormente. Típicamente, este tipo de audiencia es mucho más receptiva a tus anuncios, porque ya están familiarizados contigo y con tu negocio. Al empezar una nueva campaña de publicidad, siempre trato de utilizar el público personalizado cuando es posible, porque hacerlo produce unos resultados mucho mejores que el utilizar la función normal de selección de público objetivo de Facebook.

CÓMO CREAR UN PÚBLICO PERSONALIZADO EN FACEBOOK

Para empezar, sólo tienes que exportar los datos de los clientes (como por ejemplo, las direcciones de correo electrónico) de la base de datos de tu empresa o CRM y subirlos a Facebook. Este proceso es completamente legal y se realiza de manera privada.

Dentro de tu administrador de anuncios, tienes secciones para los públicos, que puedes encontrar en *www.facebook.com/ads/manager/audiences/manage*, donde puedes crear el primer público haciendo clic en "Crear Público" y después seleccionando "Personalizar Público".

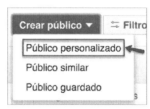

Figura 6.5: Dónde crear un público personalizado.

A continuación, haz clic en "*Lista de Clientes*" y sube tu lista de clientes, que puede incluir direcciones de correo electrónico o números de teléfono. Las listas de clientes también pueden ser copiadas y pegadas o importadas desde MailChimp, en caso de que utilices ese proveedor de servicio.

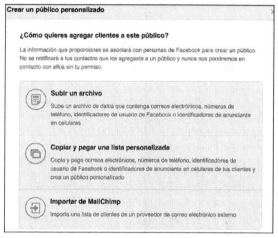

Figura 6.6: Captura de pantalla de cómo crear un público personalizado en Facebook.

Recuerda que sólo puedes importar personas que ya se encuentran en tu lista de correo o que te hayan comprado algo. Cuando hagas esto por primera vez, es aconsejable leer cuidadosamente los términos del servicio relacionados con los públicos personalizados, que se pueden encontrar en

www.facebook.com/ads/manage/customaudiences/tos.php

57. AMPLÍA TU ALCANCE CON EL PÚBLICO SIMILAR DE FACEBOOK

Una vez que hayas creado diferentes públicos personalizados, Facebook recomienda crear un público similar a tus clientes actuales. Básicamente, Facebook creará el "público similar" analizando el comportamiento, los datos demográficos relevantes, y otros indicadores varios, y usando esa información para crear un nuevo público que sea muy similar a tu audiencia original.

Este es otro método efectivo para crear una audiencia nueva y más específica que responderá mejor a tus anuncios. Como regla general, es aconsejable que crees tantos públicos personalizados y tantos públicos similares como sea posible, porque pueden darte más impulso y ofrecerte excelentes opciones para llevar a cabo unas campañas efectivas.

CÓMO CREAR UN PÚBLICO SIMILAR A TUS CLIENTES ACTUALES

En la misma área donde creas públicos personalizados, se puede crear un público similar haciendo clic en "*Crear público*" y después seleccionando "*Público similar*". Puedes usar estas tres fuentes de partida para crear tu público similar:

- Público Personalizado.
- Píxel de Conversión-Seguimiento.
- Página de Empresa de Facebook.

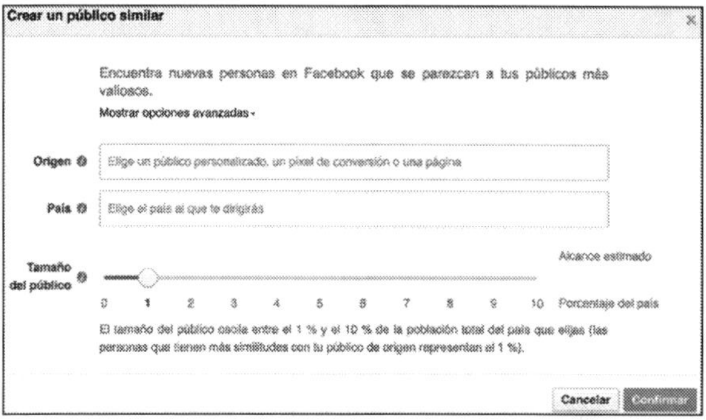

Figura 6.7: Pantalla que muestra Facebook cuando se crea un público similar.

El número de personas mínimo a partir del cual se puede crear un público similar es de 100 personas, pero se recomienda que para empezar tengas una lista de al menos 150 personas. Puedes encontrar todos los públicos que crees en las secciones del público de tu administrador de anuncios en
www.facebook.com/ads/manager/audiences/manage.   Al crear un anuncio, puedes utilizar estas como un público de base y después, ir reduciendo la audiencia cada vez más en función de la edad, el género o los intereses.

58. MEJORA EL RENDIMIENTO DE TUS ANUNCIOS USANDO LOS ANUNCIOS POR SECUENCIA

Si se ve el mismo tipo de anuncio una y otra vez en Facebook, al final provocará "ceguera a los anuncios", un término que se usa para describir un fenómeno por el que un usuario consciente o inconscientemente ignora los anuncios. El nuevo formato de anuncios de Facebook, llamado anuncios por secuencia, ofrece una experiencia completamente nueva a los usuarios y capta su atención mostrando anuncios diferentes a los que están acostumbrados.

Figura 6.8: Dos ejemplos de anuncios por secuencia.

Los anuncios por secuencia se refieren a anuncios multi producto, porque pueden mostrar de 3 a 5 imágenes en un único anuncio, en el que cada producto tiene su propia descripción.

Los anuncios por secuencia funcionan perfectamente para tiendas e-commerce que hacen uso del re-marketing mostrando imágenes de productos a los clientes que acaban de visitar su tienda online. En general, es aconsejable que cualquier tipo de negocio pruebe estos anuncios. Su uso no está tan extendido hoy en día y generan más participación y una mejor tasa de clics que los anuncios tradicionales de Facebook.

59. HAZ QUE CREZCA TU LISTA DE CORREO CON LOS ANUNCIOS PARA CLIENTES POTENCIALES DE FACEBOOK

¿Estás deseando hacer crecer tu lista de correo con la publicidad de Facebook? La nueva opción de anuncios para clientes potenciales de Facebook ofrece una gran oportunidad para generar contactos que te permitirá conseguir rápidamente muchos suscriptores para tu correo electrónico. En el momento de escribir este libro, los anuncios para clientes potenciales de Facebook son sólo para anuncios móviles, pero más adelante estarán disponibles para los anuncios de video de Facebook y también para los anuncios tradicionales de escritorio.

Los anunciantes han estado usando la publicidad de Facebook para generar suscripciones para el boletín de noticias o registros para un webinar. Según los datos internos de Facebook, se tarda aproximadamente un 38.5% más en rellenar formularios desde una plataforma móvil que desde un ordenador de escritorio. Esto ocurre principalmente porque la mayoría de las páginas de destino no están optimizadas para dispositivos móviles, lo que quiere decir que a los usuarios no les gusta su experiencia rellenando formularios desde un teléfono móvil.

A continuación te muestro algunas de las ventajas que tiene para los usuarios el utilizar los anuncios para clientes potenciales de Facebook:

- Los usuarios no necesitan visitar una página de destino para registrarse, pero puede registrarse directamente desde la aplicación móvil.

- Los usuarios no necesitan escribir su información de contacto, porque la información es rellenada automáticamente por Facebook (los usuarios pueden cambiar o modificar su información de contacto si lo necesitan).

- El proceso completo es muy rápido, porque no hay necesidad de visitar una página web y esperar a que se cargue.

- Después de registrarse, el usuario puede permanecer en Facebook, permitiéndoles continuar con lo que estaban haciendo antes.

- El proceso respeta la privacidad de los usuarios y las empresas no pueden revender la información de los contactos a terceras partes.

Aquí están las ventajas para las empresas de los anuncios para clientes potenciales de Facebook:

- Los anuncios para clientes potenciales se pueden usar con múltiples propósitos de generación de contactos, como generación de pre-pedidos, registros para eventos, pruebas de productos, etc.
- Se pueden desarrollar formas específicas para cada campaña. Por ejemplo, puedes también incluir una pregunta corta que los usuarios necesitan responder.
- Es bastante probable que los contactos generados usando los anuncios para clientes potenciales de Facebook sean de alta calidad, porque la gente se registra con su correo electrónico de Facebook, que es normalmente su email principal, mientras que en un formulario de una página de destino tradicional, algunas personas podrían registrarse con correos electrónicos falsos.
- El proceso se puede conectar con algunas soluciones CRM (gestión de relaciones con el cliente) como Salesforce, Marketing Cloud, Driftrock, Marketo y Maropost. Esto te permite hacer un seguimiento de los contactos, cuidando aún más la relación con ellos y creando confianza y credibilidad.

En la imagen inferior, puedes ver los resultados de mi reciente campaña de anuncios para clientes potenciales, que produjo los resultados siguientes:

- Número clientes potenciales: 48
- Coste por cada contacto: $0.63

- Cantidad gastada: $30.04

Esta campaña se generó para una audiencia en México, donde el coste por contacto es tradicionalmente un poco más bajo que en los Estados Unidos o en los países de Europa del Oeste, debido a que hay menos competencia.

Resultados	Alcance	Costo	Presupuesto	Importe ga...
48 Clientes potenciales (formulario)	2225	$0,63 Por cliente potencial (formulario)	$10,00 Diario	$30,04
48 Clientes potenciales (formulario)	2225 Personas	$0,63 Por Cliente potencial (formular...		$30,04 Gasto total

Figura 6.9: Resultados de un ejemplo de campaña de anuncios para clientes potenciales de Facebook.

Cuando crees tu primera campaña de anuncios para clientes potenciales, asegúrate de que tienes una secuencia de seguimiento de emails que recuerde a los contactos donde se registraron. La mayoría de los usuarios se registran rápidamente desde sus dispositivos móviles y más tarde se olvidan de ello, pero si tienes una campaña clara de seguimiento, te ayudará increíblemente.

60. APRENDE DE LAS PREGUNTAS FRECUENTES RELACIONADAS CON LAS ESTRATEGIAS DE PUBLICIDAD AVANZADAS DE FACEBOOK

Estas son algunas de las preguntas frecuentes que mis clientes de la consultoría hacen:

Has mencionado muchas opciones de publicidad de Facebook, pero ¿recomendarías publicidad que está orientada a conseguir más "me gusta" en la página de Facebook (más seguidores en Facebook)?

Para la mayoría de los negocios, el valor de un seguidor en Facebook es cada vez menos importante (especialmente si no llevas a cabo las estrategias mencionadas anteriormente acerca de cómo mejorar la participación) y por lo tanto, yo sólo gastaría una pequeña parte de tu presupuesto de publicidad para adquirir nuevos seguidores.

Los negocios locales son una excepción y pueden crear campañas efectivas para aumentar los seguidores de Facebook dirigiéndose a personas que estén interesadas en su producto y que situadas geográficamente cerca de ellos. Por ejemplo, un restaurante italiano podría dirigirse a personas a las que les guste la comida italiana y que estén situadas en un radio de 2 millas de su restaurante. Para la mayoría de los negocios, no es más beneficioso aumentar su lista de correo (anuncios de clics hacia el sitio web) que los "me gusta" de Facebook.

No voy a empezar con el re-marketing todavía, pero ¿debería instalar el pixel de re-marketing de Facebook en mis sitios web?

¡Por supuesto! Una de las ventajas de hacer esto es que empezará a crear tu público ahora mismo y podrás dirigirte a la audiencia que te interese cuando estés listo. Idealmente, conviene que insertes el pixel de Facebook en tantos sitios web como puedas, porque te permitirá usar el poder del re-marketing de una manera más efectiva.

He oído hablar de los anuncios de producto dinámicos. ¿Qué son exactamente?

Los anuncios de producto dinámicos te permiten subir tu catálogo de productos, incluyendo el nombre del producto, descripción, idioma, página de destino, página URL, etc. a Facebook y mostrar automáticamente un gran número de anuncios relevantes a compradores online sin la necesidad de crear cada anuncio de manera separada.

Puedes usar los anuncios de producto dinámicos en el Power Editor de Facebook, y funcionarán tanto en ordenadores de escritorio como en dispositivos móviles.

Hay tantas opciones de anuncio diferentes, ¿cómo sé cuál elegir?

Primero, define tu objetivo de publicidad y después analiza qué tipo de anuncio sería el más adecuado para ti. Por ejemplo, si tienes un negocio local, conviene que empieces a utilizar los anuncios locales de Facebook. Si tienes una gran variedad de productos en venta, los anuncios de carrusel podrían funcionar muy bien para ti. Trata de familiarizarte poco a poco con todos los diferentes productos de anuncio que Facebook ofrece, porque pueden ayudarte a llegar y a atraer a tus clientes ideales.

Probé los anuncios de clics de Facebook, pero algunos contactos eran poco receptivos y de muy poca calidad.

Aquí te muestro tres importantes recomendaciones:

- Tratar de mejorar tu selección de público objetivo y asegúrate de que tu audiencia está interesada en lo que les estás ofreciendo.

- Asegúrate de que tu llamada a la acción en los anuncios para clientes potenciales es clara., para que el usuario sepa exactamente lo que va a conseguir.

- Asegúrate de que haces un seguimiento correcto de tus contactos, recordándoles por qué se registraron y con quien pueden ponerse en contacto, en caso de necesitarlo.

TRES PASOS DE ACCIÓN SUGERIDOS A PARTIR DEL CAPÍTULO 6:

Echa un vistazo a las tres acciones sugeridas relacionadas con el contenido de este capítulo. Trata de completar estas acciones antes de pasar al siguiente capítulo.

- Regístrate con el Business Manager de Facebook (estrategia 51), porque tiene varias ventajas para tus actividades de publicidad.

- Familiarízate con los conceptos avanzados de publicidad del re-marketing de Facebook (estrategia 55) y con los públicos personalizados de Facebook (estrategia 56). En este momento estas son las funciones más importantes que Facebook ofrece y merecen que les dediques el tiempo necesario para poder aprenderlas.

- Prueba cómo funcionan los anuncios por secuencia (estrategia 58), porque puedes conseguir unos resultados increíbles con ellos en comparación con los otros tipos de anuncios.

CAPÍTULO 7:

ESTRATEGIAS DE VIDEO MARKETING DE FACEBOOK

Personalmente, creo que la publicidad en video de Facebook es una de las oportunidades de marketing más importantes de los años 2016 y 2017. Siempre me ha fascinado el impacto del video marketing (puedes aprender más en mi libro "*101 Consejos y Estrategias de Video Marketing Para Tu Empresas[1]*"), y ahora Facebook ofrece oportunidades de publicidad en video que pueden generar resultados extremadamente beneficiosos para su empresa.

61. DESCUBRA POR QUÉ LA PUBLICIDAD EN VIDEO DE FACEBOOK ES UNA OPORTUNIDAD EXCELENTE PARA SU EMPRESA

Hay varias razones por las que la publicidad en video es una tendencia en auge. Aquí te presento algunas de las razones principales.

El movimiento capta la atención de la gente

Como ya se mencionó varias veces en este libro, los períodos de atención de la gente son más cortos cada vez, y cada vez resulta más difícil captar su atención con contenido tradicional de Facebook como fotos y actualizaciones de estado. El video ofrece algo nuevo,

---

[1] http://www.amazon.com/dp/1494770024

diferente e impactante, y por ello el contenido de video tiene mayores posibilidades de hacerse notar.

El video construye confianza y credibilidad

Aunque los videos que se usan para los anuncios son bastante cortos, ayudan a generar confianza y credibilidad para tu empresa. El uso del video está creciendo de manera muy rápida en internet, y los consumidores prefieren ver contenidos de video antes de decidirse a hacer una compra.

Las estadísticas no mienten – La influencia del video en Facebook es enorme

Según las estadísticas oficiales de Facebook, la red social tiene 8 billones de vistas de video diarias y algunos aseguran que se ven más videos en Facebook que en YouTube. Y esta tendencia va a crecer mucho más en el futuro.

Los anuncios de video en Facebook ofrecen unas opciones muy importantes para la publicidad

Una razón adicional para usar los anuncios de video de Facebook es el hecho de que la plataforma de publicidad de Facebook es la más fácil de usar para pequeñas empresas y ofrece unas funciones muy útiles que pueden ser usadas con los anuncios de video, como por ejemplo, la selección y determinación de un público objetivo local.

62. EVITA COMETER ERRORES COMUNES DE LA PUBLICIDAD DE VIDEO EN FACEBOOK

Empezar con la publicidad de video de Facebook no es tan fácil, rápido ni sencillo como los anuncios normales, porque necesitas crear un video. Sin embargo, merecerá la pena que inviertas tu tiempo en ella porque los resultados serán mucho más impactantes. Te recomiendo evitar los siguientes errores comunes:

- **No adoptar el video marketing móvil:** Una gran parte de tus videos se verán en dispositivos móviles. Asegúrate de que tienes esto en cuenta cuando creas el video. Es aconsejable ver tu video en un teléfono móvil o tableta antes de subirlo a Facebook y asegurarte de que ofrece una agradable experiencia de visionado. La mayoría de los usuarios de Facebook visitan el sitio web a través de la aplicación móvil de Facebook, por lo que ser capaz de crear videos relevantes para la audiencia de dispositivos móviles te ayudará a obtener mejores resultados.

- **No dedicar tiempo suficiente ni esfuerzo suficiente para crear tu video:** No uses cualquier video, conviene que sigas cuidadosamente las directrices que se señalan en este capítulo. Te llevará algo de tiempo al principio, pero los resultados que puedes obtener con un buen video superan el tiempo que dedicarás al proceso de creación. Los usuarios de Facebook ven el anuncio de video en su propio muro de noticias en Facebook, por lo que conviene que el anuncio sea relevante e interesante para ellos, si no lo ignorarán.

- **Hacer un video demasiado largo y aburrido:** Concéntrate en crear videos cortos que contengan movimientos rápidos, que comuniquen el mensaje claramente y que tengan una clara llamada directa a la acción indicando lo que los usuarios pueden hacer a continuación si quieren conseguir más información.

- **No crear una buena introducción para tu video:** Los primeros 2-4 segundos de tu video son los más importantes y es durante esos primeros segundos cuando el espectador decidirá si continúa viendo el video. Es también un practica recomendada el crear mucho movimiento o usar diferentes colores durante los primeros segundos del video. Analiza otros anuncios de video en Facebook, y toma notas de las técnicas que se utilizan para captar la atención de la gente durante los primeros 3 segundos.

- **No usar una imagen en miniatura atractiva:** Facebook te permite subir una imagen en miniatura para cada uno de tus videos. Si no haces esto, se seleccionará automáticamente una imagen aleatoria, que por regla general será menos impactante que si creas una imagen en miniatura específica para cada video. Canva.com es una herramienta recomendada, como ya he mencionado varias veces en este libro.

En el ejemplo que aparece más abajo, puedes ver la imagen en miniatura que usó la empresa Pillsbury para uno de sus videos receta, que es muy relevante para aquellas personas interesadas en la preparación de comida.

Figura 7.1: Ejemplo de video anuncio de Pillsbury

- **No analizar los resultados:** No crees sólo un video, comprueba cuántas vistas tiene. Esfuérzate para aprender los parámetros más importantes para la publicidad de video de los que se habla más adelante en este capítulo.

- **No reconocer que algunas veces los anuncios de video se ven sin sonido:** Los usuarios necesitan hacer clic en el video para activar el sonido. Por lo tanto, puedes usar un texto breve para recordar a los usuarios que tienen que activar el sonido. También puedes intentar crear anuncios de video que comuniquen su mensaje incluso si están silenciados, porque algunos usuarios no activan el sonido.

63. UTILIZA VIDEOS PARA CONSEGUIR MÁS CLIENTES REPETIDOS

El re-marketing de Facebook y los públicos similares, combinados con el video marketing, son una mezcla excelente que puede incrementar rápidamente el rendimiento de la inversión en tus campañas. Como ya mencionamos anteriormente en este libro, el re-marketing de Facebook te permite mostrar anuncios a personas que están en tu lista de correo, o que han visitado determinadas páginas de tu sitio web.

Conviene que todos los negocios de tamaño pequeño empiecen a usar anuncios de video para dirigirse a sus clientes actuales o visitantes del sitio web, porque les permitirá mostrarles testimonios de clientes anteriores o videos rápidos respondiendo preguntas que otros clientes han preguntado con anterioridad.

Hoy en día, este tipo de video anuncio es probablemente el más efectivo y el que genera más rentabilidad de la inversión, porque la audiencia es alguien que ya conoce tu empresa, pero que necesita algo más de información antes de comprar tu producto.

64. TIPOS DE VIDEOS QUE PUEDES UTILIZAR

En el capítulo 4 de este libro, enumeré cuatro tipos de videos que tu empresa debería crear y subir a tu página de Facebook:

- Tutoriales de video cortos.
- Videos de testimonios y estudios de caso.
- Videos de dispositivas o videos basados en plantillas.
- Presentaciones en video de productos, empresa y empleados.

Puedes leer descripciones específicas de todos estos tipos de video en el capítulo cuatro.

Probablemente el tipo de video anuncio más rápido y fácil consiste en crear presentaciones de videos o videos basados en plantillas producidos utilizando una herramienta online como Veeroll.com, de la que hablaré más adelante en este capítulo. Cada empresa debería probar diferentes tipos de videos para comprobar lo que funciona mejor para su empresa.

El compartir consejos e información valiosa con la gente que ve tu video puede ser increíblemente beneficioso. Uno de mis clientes creó un video de tres minutos para promocionar su evento de formación pagada. Durante los primeros 20 segundos del video no mencionaron nada acerca de su promoción, pero compartieron un consejo muy valioso. Para su sorpresa, una gran cantidad de gente que vio el video también lo compartió en Facebook porque lo percibían más como un video con información útil y valiosa que como un video de publicidad. Este es un ejemplo de la eficacia de los videos que no parecen anuncios de video típicos, sino que comparten información útil con el espectador. Prueba a crear estos tipos de videos y hacerlos más interesantes y relevantes para tus clientes ideales.

65. CONSIGUE RESULTADOS IMPRESIONANTES DEFINIENDO A TU PÚBLICO OBJETIVO DE UNA FORMA CORRECTA

Antes de crear tu video, tómate todo el tiempo necesario para pensar en cómo encontrar el público más relevante en Facebook. Puedes revisar las opciones para seleccionar una audiencia determinada de Facebook en el capítulo de este libro sobre las estrategias de publicidad en Facebook.

Una vez que tengas claro tu público objetivo, asegúrate de que los elementos siguientes son relevantes para tu público objetivo:

- Imágenes en el anuncio de video.
- Contenido de tu anuncio de video.
- Miniaturas de video para tu anuncio de video.
- Llamada a la acción en tu anuncio de video.

Todos estos cuatro elementos deberían en sincronía con tu público objetivo y ser interesantes para tu audiencia.

Esta es una captura de pantalla de los resultados que obtuvimos para uno de mis clientes en España y que ha conseguido resultados excelentes de los anuncios de video haciéndolos extremadamente relevantes para el público objetivo.

Los resultados que generó esta campaña fueron:

- Vistas de video: 4.117.
- Cantidad gastada: 21.20 USD.
- Coste por vista de video: 0.01 USD.

Resultados ⓘ	Alcance ⓘ ▾	Costo ⓘ	Importe gastado ⓘ
4117 Reproducciones de video	7872	$0.01 Por reproducción de video	$21.20

Figura 7.2: Resultados de la campaña de publicidad de video.

Merece la pena señalar que Facebook cuenta una vista de video cuando alguien ve los primeros 3 segundos del video. Por lo tanto, no todos estos 4,117 espectadores vieron el video hasta el final. Sin embargo, siguen siendo unos resultados muy buenos. Con algunos clientes hemos logrado generar reproducciones por sólo 0.002 USD de coste. Eso es posible cuando se trata de un video muy especifico dirigido a un público muy segmentado. Si pagas sólo 0.002 USD por vista de video, puedes generar 50,000 vistas de video con sólo 100 USD. (aproximadamente 87 euros).

Este tipo de resultados son posibles cuando el público objetivo está claramente definido y el video ofrece mucho movimiento y un contenido interesante en los primeros segundos. Si el video no es relevante para el público objetivo y tu audiencia no está interaccionando con el video, tu video de Facebook terminará siendo una pérdida de dinero.

66. CREA ANUNCIOS DE VIDEO ATRACTIVOS CON VEEROLL

Veeroll es la herramienta para publicidad de video más útil que ofrece plantillas ya preparadas que puedes utilizar para tus anuncios de video. Utilizando Veeroll ahorrarás mucho tiempo y además, te permitirá crear anuncios irresistibles en muy pocos segundos.

Esta herramienta online es bastante fácil de utilizar y algo que deberían probar todas las empresas que estén interesadas en mejorar sus conocimientos sobre la publicidad de video. Cuando usas Veeroll puedes utilizar el tipo de plantilla que se adapte mejor a tu campaña y después, personalizarla con información y texto. Unos pocos minutos después de crear tu video, Veeroll te proporcionará un enlace para descargar el video que acabas de crear, que después podrás subir a Facebook.

Además, Veeroll ofrece una formación extensa y está trabajando constantemente en nuevas plantillas para los anuncios de video de Facebook.

Figura 7.3: Algunas de las plantillas que Veeroll ofrece para crear anuncios de video de Facebook.

OPINIÓN DE EXPERTO – GIDEON SHALWICK

"Una de las mejores oportunidades online que hay ahora mismo es a utilización de anuncios de video en sitios de redes sociales como Facebook, YouTube y Instagram.

Debido a que existe una percepción de "barrera" para empezar a utilizar anuncios de video, la competición es todavía muy baja en comparación con las opciones de publicidad de pago tradicionales. Lo que significa... Puedes conseguir un tráfico muy segmentado y comprometido para tu sitio web con unos costes muy bajos. ¿Qué emprendedor competente no querría eso para su negocio?

Todo lo que necesitas es empezar con un corto pero convincente video que alabe todas las maravillosas características de tu increíble nuevo producto o servicio, mostrarlo en la plataforma adecuada (por ejemplo en los anuncios de video de Facebook o en los anuncios de video de YouTube), y ya estás de camino a un nuevo mundo excelente de generación de tráfico para tu sitio web.

Una manera sencilla de asegurarte de que tus anuncios de video se convierten en vistas, contactos y ventas es usar una fórmula de ventas útil para crear tus videos.

Nosotros a menudo utilizamos la fórmula AIDCA:

*A se refiere a **Atención**.*
*I por **Interés/Curiosidad**.*
*D por **Deseo**.*
*C por **Convicción**.*
*A por **Acción**.*

Esta fórmula nos ayuda a crear unos guiones para anuncios de video muy efectivos. Y después sólo tenemos que usar las plantillas existentes para crear automáticamente nuestros videos - ¡no se necesita un equipo a la última ni equipos de video producción caros!

Hasta ahora, hemos estado consiguiendo resultados excelente utilizando estas sencillas plantillas para anuncios de video. Recientemente llevamos a cabo una prueba separada sencilla para ver si un video de "cabezas parlantes" profesionalmente producido podía compararse con uno de los videos basados en plantillas que nosotros utilizamos. Los resultados que aparecen en la imagen inferior fueron sorprendentes.

	Ad Name	Amount ...	Results	Cost
☐ ◖	talking head Talking Head vs. Template - Split Test > Tal...	$110.80	52 Conversions	$2.13 Per Conve...
	Results from 1 Ad	$110.80 Total Spent	52 Conversions	$2.13 Cost Per ...

	Ad Name	Amount ...	Results	Cost
☐ ◖	template Talking Head vs. Template - Split Test > T...	$110.73	62 Conversions	$1.79 Per Conve...
	Results from 1 Ad	$110.73 Total Spent	62 Conversions	$1.79 Cost Per ...

Figura 7.4: Resultados de la campaña de publicidad de video de Gideon Shalwick.

Como puedes ver en la imagen de arriba, el anuncio de video basado en una plantilla superó con creces el video profesional en el que salían personajes hablando - ¡lo que cual es toda una hazaña si tenemos en cuenta el poco esfuerzo que nos costó crear el anuncio con el video de plantilla!

El anuncio de video de plantilla generó nuevos contactos por tan sólo $1.79 por contacto, ¡mientras que el video más sofisticado de "personajes parlantes" nos costó $2.13!

¡Teniendo en cuenta que el video hecho a partir de una plantilla se tardó en crear unos 15 minutos, y que el video profesional nos llevó 4 DÍAS, el resultado final es más increíble todavía!

Aunque la publicidad en video ya es una oportunidad muy lucrativa que nadie debería perderse, realmente creo que hoy en día sólo nos encontramos al principio de una nueva tendencia que tendrá una difusión masiva. Lo que quiere decir, que si eres serio acerca de atraer a una gran cantidad de visitantes hacia tu página web, ¡ahora es el mejor momento para saltar al tren de la publicidad de video!"

Gideon Shalwick
Co-Fundador
Veeroll.com

67. PRUEBA DIFERENTES APLICACIONES MÓVILES PARA CREAR TU VIDEO

Hay una gran variedad de aplicaciones móviles diferentes que te permitirán crear videos cortos y rápidos. La mayoría de estas aplicaciones trabajan creando videos de presentación o videos cortos que están compuestos de fotos y clips de video. Probablemente la aplicación más conocida es Magisto, que es gratuita y está disponible para los sistemas operativos iOS y Android. Hay muchas otras aplicaciones, pero quizá sería conveniente que empezaras con Magisto.

Figura 7.5: La aplicación Magisto.

Estos tipos de videos de diapositivas te ayudarán a compartir tus ofertas de productos o información acerca de lanzamientos de nuevos productos. Al crear un video, recuerda que es importante que tenga un movimiento rápido y que esté optimizado para ser visualizado desde dispositivos móviles, como ya se mencionó anteriormente en este capítulo.

Todos tus videos no deberían ser videos de diapositivas, porque tus clientes ideales también quieren ver las caras de tus empleados y podrían llegar a aburrirse si sólo promocionas videos de diapositivas.

Enlace para descargar Magisto para iPhone:
https://itunes.apple.com/us/app/magisto-video-editor-movie/id486781045

Enlace para descargar Magisto para Android:
https://play.google.com/store/apps/details?id=com.magisto&hl=en

Facebook tiene su propia herramienta de creación de videos de dispositivas, pero en este momento es todavía bastante rudimentaria, y por eso recomiendo utilizar otras herramientas y aplicaciones más profesionales.

68. SUBE Y OPTIMIZA TU VIDEO EN FACEBOOK

Aquí están los primeros pasos para crear tu primer anuncio de video. Este es un simple recorrido que muestra las principales opciones, pero no todos los pequeños detalles. Recuerda que la interfaz de creación de anuncios en Facebook cambia periódicamente, por lo que podría ser un poco diferente a la que se muestra en este ejemplo.

Selecciona el objetivo de tu anuncio: Como ocurre con el resto de la publicidad de Facebook, el proceso de creación del anuncio comienza aquí *www.facebook.com/ads/create*. Primero tienes que seleccionar el objetivo del anuncio. Los anuncios de video se pueden utilizar con los siguientes objetivos publicitarios:

- Impulsar tus publicaciones.
- Promocionar tu página.
- Enviar gente a tu página web.
- Aumentar las conversiones en tu sitio web.
- Conseguir instalaciones de tu aplicación.
- Aumentar el nivel de participación en tu aplicación.
- Conseguir vistas de video.

Selecciona el público objetivo: Después de seleccionar el objetivo de tu anuncio, en la próxima página tienes que seleccionar el público objetivo para el anuncio de tu video (sigue las directrices que hemos señalado anteriormente en el libro).

Selecciona el presupuesto y las opciones para hacer ofertas: Elige cuánto quieres gastar. Empieza con una pequeña cantidad de diaria, probando tus resultados, para que puedas aumentar la cantidad cuando comiences a recibir buenos resultados, o interrumpir la campaña si el anuncio del video no funciona.

Normalmente es mejor empezar con ofertas automáticas, lo que te ayudará a conseguir mayor cantidad de vistas con el mejor precio.

Figura 7.6: Presupuesto del anuncio de video y opciones de oferta.

Sube tu video: en la próxima página podrás subir tu video a Facebook. Según se muestra en la imagen inferior, las siguientes son las especificaciones para los anuncios de video.

- Formato: archivos .MOV or .MP4.

- Resolución: al menos 720p.

- Proporción de aspecto recomendada: formato panorámico (16:9).

- Facebook: 60 minutos máximo (2.3 GB).

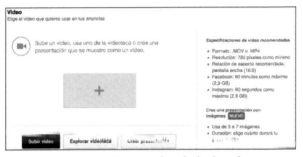

Figura 7.7: Proceso de subida de video.

Selecciona la miniatura de video: Después de subir tu video, Facebook te pedirá que subas una miniatura de video o que elijas entre diferentes imágenes capturadas del video.

Selecciona texto, enlaces y localización de tu anuncio de video:

- **Texto:** Intenta empezar el texto con una pregunta, lo que normalmente genera más participación y capta la atención de los espectadores.

- **Llamada a la acción:** elige la llamada a la acción más relevante entre una de las siguientes opciones: comprar ahora, saber más, registrarse, descargar, y ver más.

- **URL del Sitio Web:** Introduce la URL a la que quieres dirigir a los espectadores después de ver el video.

- **Elige donde quieres que se muestre tu anuncio de video:** Normalmente los anuncios de video funcionan mejor en los muros de noticias de ordenadores de escritorio y de dispositivos móviles. Yo prefiero eliminar la opción de mostrar el anuncio de video en la columna situada a la derecha, porque es una alternativa menos efectiva.

Figura 7.8: Captura de pantalla del proceso de creación de anuncios de Facebook donde seleccionas texto, dirección URL y localización del anuncio.

Para finalizar, puedes hacer clic en "Revisar Pedido", que te permitirá revisar un resumen de la nueva campaña de video que has creado, o "Hacer Pedido" para empezar tu campaña.

El Power Editor de Facebook también puede usarse para el proceso de creación de anuncios de video. Ofrece algunas opciones adicionales como la posibilidad de usar texto más largo con tu video y la oportunidad para crear otras campañas similares rápidamente.

69. CONSEGUIR IDEAS ÚTILES ANALIZANDO LOS PARÁMETROS DE PUBLICIDAD DE VIDEO

Probablemente la parte más importante de una campaña de anuncios de video con éxito es el análisis de los resultados. Primero define los parámetros esenciales de tu campaña. Podría ser la cantidad beneficios obtenidos o el número de nuevos registros a través de correo electrónico. Esos son los números de los que necesitas hacer un seguimiento en cada campaña de video, para saber qué anuncios funcionan de una manera más efectiva.

Además, deberías monitorizar otros parámetros clave relacionados con tu anuncio de video. En el administrador de anuncios de Facebook (*www.facebook.com/ads/manager*), puedes encontrar 11 parámetros diferentes (imagen inferior) relacionados con el rendimiento de tu anuncio de video. Por ejemplo, es útil saber qué porcentaje de los espectadores vieron un 25% y cuántos vieron un 50% del video.

Figura 7.9: Parámetros de anuncio de video de Facebook.

Los datos de retención de video te ayudan a conocer cómo puedes mejorar tus videos. En el ejemplo que aparece en la imagen inferior, puedes ver un gráfico de retención de audiencia de un video con un comienzo ineficaz y aburrido. Como puedes ver, durante los primeros 12 segundos el video pierde espectadores, pero después de la marca de 12 segundos, los espectadores empiezan a prestar más atención y continúan viendo el contenido.

Este tipo de información es esencial para mejorar y hacer videos más efectivos.

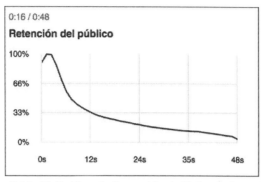

Figura 7.10: El Gráfico de Retención de Video de la Audiencia se puede encontrar en las estadísticas de la página de Facebook y se muestra para los videos que subes a tu página de Facebook.

70. APRENDE DE LAS PREGUNTAS FRECUENTES SOBRE LOS ANUNCIOS DE VIDEO DE FACEBOOK

Las siguientes son algunas cuestiones que suelo recibir de personas que están empezando a utilizar los anuncios de video de Facebook.

¿Puedo crear anuncios de video de Facebook mientras estoy gestionando otros anuncios de Facebook?

Claro que sí, puedes gestionar simultáneamente tantos anuncios como quieras, sólo recuerda visitar el administrador de anuncios de Facebook en *www.facebook.com/ads/manager* a diario para evaluar el rendimiento del anuncio.

¿Qué tipo de anuncios de video son los más valiosos para mi negocio?

Depende del tipo de negocio que diriges, pero normalmente conviene que todos los empresarios utilicen testimonios de video e historias de clientes, porque sirven para incrementar la credibilidad de tu empresa.

También recomendaría crear varios anuncios mostrando tus productos y a tus empleados, y también intentar crear algunos videos cortos de diapositivas.

Mostrar las caras de la gente que trabaja para tu empresa es un importante impulsor de credibilidad y ayuda a que tu empresa sea percibida como "más humana".

¿Puedo usar los videos que tengo en YouTube como anuncios de video de Facebook?

Puedes hacerlo, pero yo los editaría y mejoraría antes de subirlos a Facebook. Normalmente, un video de YouTube es un poco más lento y no tiene un comienzo lo suficientemente interesante como para captar la atención de la gente, algo que es totalmente necesario para un anuncio de video de Facebook.

Algunos de mis clientes han conseguido excelentes resultados editando videos de YouTube y optimizándolos para el entorno de Facebook.

OPINIÓN DE EXPERTO – KEVIN DAVIS

"En este estudio de caso verás los resultados que conseguimos para uno de mis clientes que tiene su empresa en Australia y que vende lecciones de pesca. Esta campaña tuvo mucho éxito cuando utilizamos la publicidad de video de Facebook combinada con un concurso de Facebook.

En las imágenes de más abajo, puedes ver el anuncio del video que utilizamos para el curso de pescar Barra Basics, que tuvo los resultados siguientes:

Contactos a través del anuncio: 1948
Contactos a través de referencias: 320
Total de contactos a lo largo de toda la campaña: 2,268

Esta campaña se centró en una audiencia a la que le gustaba todo aquello relacionado con la pesca en la zona de Queensland y el Territorio del Norte de Australia, donde se lleva a cabo la mayor parte de la pesca de barramundi en Australia.

Figura 7.11: Ejemplo de publicidad en el muro de noticias de Facebook.

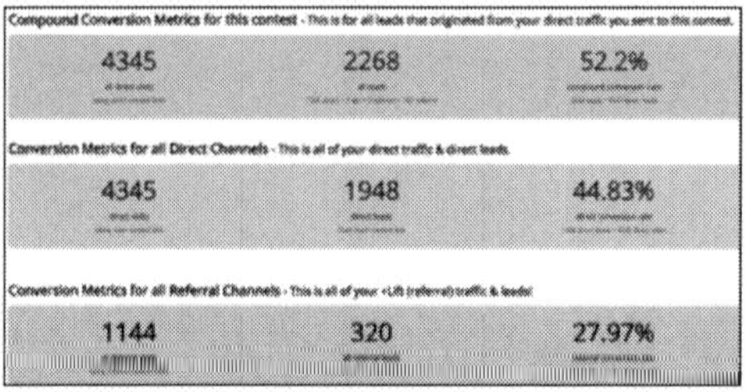

Figura 7.12: Resultados del Contest Domination.

Cuando crees tu anuncio de video, hay tres ingredientes clave que deberías tener en cuenta para conseguir los mejores resultados.

1) Asegúrate de que tu video tiene movimiento y es atractivo. En este caso, se destaca al experto y a su cliente consiguiendo un trofeo de pesca.

2) Haz que tu video sea corto y que incluya un claro mensaje de llamada a la acción en el tercio final del video.

3) Asegúrate de incluir también una clara llamada a la acción en la descripción y de incluir un enlace a tu página de destino en la descripción para que los espectadores puedab hacer clic y ser dirigidos a tu página web, aunque no hayan visto la totalidad del video.

Hemos visto que los anuncios de video funcionan mejor con una oferta tipo concurso o sorteo. Para gestionar nuestras ofertas de concursos utilizamos Contest Domination, que se encarga de gestionar todos los requisitos necesarios a la hora de realizar un concurso en Facebook"

Kevin Davis
Experto de publicidad de pago
www.paidtraffic.co

TRES PASOS DE ACCIÓN SUGERIDOS A PARTIR DEL CAPÍTULO 7:

Echa un vistazo a las tres acciones sugeridas relacionadas con el contenido de este capítulo. Trata de completar estas acciones antes de pasar al siguiente capítulo.

- Antes de empezar con la publicidad de video de Facebook, estudia los errores más comunes que otros anunciantes compartieron en la estrategia 62 y prepárate para evitarlos.

- Crea una lista de temas para tus primeros tres anuncios. Crea tu primera campaña de anuncios de video siguiendo paso a paso las instrucciones de la estrategia 68.

- Estudia cuidadosamente las preguntas frecuentes (estrategia 70), porque te ayudarán a conseguir mejores resultados

CAPÍTULO 8:

ESTRATEGIAS DE MARKETING EN INSTAGRAM

Instagram fue la primera red social importante en utilizar sólo una aplicación móvil, lo que significa que no se puede crear una cuenta o publicar contenido desde un ordenador de escritorio. Facebook compró Instagram por $1 billón de dólares en 2012 y hoy es una de las redes sociales más importantes en muchos sectores. Con más de 400 millones de usuarios activos y creciendo cada vez más, Instagram es una red social más importante y relevante que otros medios sociales como Twitter y Pinterest para negocios de pequeño tamaño.

Algunas de las industrias en las que los negocios están teniendo mucho éxito con Instagram son la moda, el turismo, gimnasios y centros de entrenamiento, comida, casa y estilo de vida, y la industria del automóvil. Pero todo tipo de empresas pueden beneficiarse del marketing con Instagram si se lleva a cabo de la manera adecuada, y por eso te animo a que empieces a probar estas estrategias.

En este capítulo descubrirás estrategias creativas de Instagram y en el siguiente, cómo usar la publicidad de Instagram.

Figura 8.1: Sitio web de Instagram en www.instagram.com.

71. APRENDE ESTRATEGIAS BÁSICAS DE INSTAGRAM ANTES DE EMPEZAR A COMPARTIR CONTENIDO

Aquí hay algunas estrategias básicas que necesitas conocer antes de empezar a publicar contenido

- **Haz una búsqueda rápida acerca de cómo otras empresas en tu sector utilizan Instagram:** Puedes buscar en Google los perfiles de Instagram de tus competidores. Esta búsqueda puede hacerse desde un ordenador de escritorio, incluso si no tienes una cuenta de Instagram.

  También puede interesarte visitar los perfiles de Instagram de algunas marcas grandes tan sólo para tener una idea de cómo utilizan este medio.

  Aquí puedes echar un vistazo a algunas marcas muy conocidas que utilizan con éxito el marketing en Instagram:

www.instagram.com/nike
www.instagram.com/starbucks
www.instagram.com/lego
www.instagram.com/xbox

Para encontrar otras empresas como éstas, utiliza la misma estructura URL que en los ejemplos anteriores y sustituye el nombre de la marca con el nombre de la empresa que quieres buscar.

– **Tómate todo el tiempo necesario para editar las fotos y videos que publiques:** Quieres compartir contenido de calidad y ofrecer una experiencia positiva a los usuarios de Instagram que ven tu contenido. Más tarde en este capítulo descubrirás otras aplicaciones que puedes utilizar para editar las fotos y videos y conseguir que tengan más impacto.

– **Intenta publicar mucho contenido:** Algunos pequeños negocios abren sus cuentas en Instagram, publican algunas fotos y después, se olvidan de su cuenta. Intenta ser activo respondiendo a comentarios y preguntas y publicando una gran cantidad de contenido interesante. Para conseguir los máximos beneficios, se recomienda compartir de 1 a 3 fotos o videos cada día.

– **Sé creativo y diferente:** Evita publicar imágenes aburridas del logo de tu empresa o del catálogo de tus productos. En lugar de eso, muestra a tus empleados en su entorno y comparte imágenes de lugares a los que tus clientes no tienen acceso. Por ejemplo, un restaurante podría compartir un video corto mostrando cómo cocinan un plato delicioso en la cocina.

72. CONFIGURA CORRECTAMENTE TU PERFIL DE INSTAGRAM

Instagram puede ser una herramienta excelente para empresas de pequeño tamaño. Si quieres experimentar todos los beneficios que esta red social puede ofrecer a tu empresa, es importante configurar tu perfil correctamente desde el principio.

Sigue los pasos siguientes para maximizar tu éxito en Instagram:

- **Descárgate la aplicación:** A diferencia de las herramientas de otros medios sociales que te permiten crear cuentas a través del navegador de escritorio, los perfiles de Instagram sólo se pueden crear a través de sus aplicaciones, que están disponibles para usuarios de Android y iOS.

- **Familiarízate con esta red social:** Para conocer en profundidad cómo se puede utilizar Instagram para impulsar y hacer crecer un negocio, tómate tu tiempo para visitar los perfiles de al menos 10 empresas en tu industria. Mira lo que están haciendo bien y lo que podrían hacer mejor para beneficiarte de su experiencia. También convendría que dedicaras algo de tiempo a examinar algunas de las marcas más grandes que están actualmente usando Instagram como herramienta de negocio, empresas como Starbucks, Apple Music y American Eagle.

- **Crea un nombre de cuenta:** Si es posible, debería ser el nombre de tu empresa. Si ese nombre ya no está disponible, intenta que sea lo más parecido posible al nombre de tu marca o negocio, permitiendo que los clientes te encuentren de una forma fácil y rápida.

- **Añade una foto de perfil:** Si echaste un vistazo a los perfiles de otras empresas que están utilizando Instagram con éxito para conectar con sus audiencias, probablemente te habrás dado cuenta de que sus fotos de perfil no son siempre un simple logotipo. Es importante que te asegures de que tu foto no sólo representa tu negocio, sino que también te pone en contacto con tu público objetivo. Los consumidores quieren saber que hay alguna persona detrás del negocio, y no sentir como si estuvieran interactuando sólo con una corporación.

- **Escribe una biografía corta:** Haz que tu descripción sea corta y profesional, pero añádele también un toque de personalidad. No olvides proporcionar un enlace a tu página de inicio y ofrecer información de contacto básica, si es posible.

- **Optimiza tus ajustes:** Asegúrate de que no excluyes a seguidores potenciales ajustando la privacidad de tu cuenta a "privada".

Cuando comiences a utilizar Instagram para tu negocio, recuerda ofrecer enlaces desde y hacia tus otros sitios de redes sociales para que los clientes puedan acceder a todo tu contenido de una manera fácil y rápida. Incluyendo también enlaces en la firma de tu correo electrónico y en tus tarjetas de empresa, puedes aprovechar y multiplicar el efecto que tu contenido tiene en tus clientes, dándoles oportunidades para participar e interactuar con tu marca de manera significativa y de una forma regular.

73. EVITA LOS ERRORES MÁS COMUNES EN INSTAGRAM

Algunos errores comunes que cometen los negocios pequeños al comenzar a utilizar Instagram por primera vez son los siguientes:

- **No estar activo:** No te limites a crear tu cuenta y esperar, asumiendo que cualquiera te encontrará y te seguirá. Empieza a publicar contenido, seguir a gente y empresas interesantes, y comienza a interaccionar con otros usuarios de Instagram.

- **No responder rápidamente a los comentarios:** Como empresa necesitas hacer un seguimiento de tu actividad en Instagram y responder de una manera oportuna a cualquier pregunta o comentario. La persona que es responsable de gestionar la cuenta de Instagram para tu empresa debería tener configurada la opción de notificaciones en su teléfono móvil para que le alerten cada vez que hay un comentario nuevo en Instagram.

- **Publicar el mismo tipo de contenido todo el tiempo:** Sé creativo y prueba diferentes tipos de imágenes. Tienes que sorprender a tus seguidores de vez en cuando con contenido nuevo y creativo. Utiliza también los consejos relacionados con el contenido de video que se tratan más adelante en este capítulo.

- **No seguir a gente nueva:** Sigue constantemente a personas nuevas influyentes de tu sector y también a tus clientes para que tengas la posibilidad de interaccionar con ellos.

- **No editar tus fotos:** Intenta editar tus fotos antes de subirlas a Instagram. Puedes utilizar Canva.com (en un ordenador de escritorio) o en una aplicación móvil como Over (disponible en iOS y Android). Estas aplicaciones de edición te permiten añadir texto, ilustraciones o diseños en la parte superior de tus imágenes, haciendo que sean más atractivas para el público.

74. UTILIZA LA ESTRATEGIA DE "HASHTAGS" CORRECTA

Las "hashtags", también conocidas como etiquetas, son una parte fundamental de Instagram. Te permiten describir tus fotos y relacionarlas con tu negocio al mismo tiempo que te ayudan a direccionar a tus seguidores hacia nuevos contenidos. En cada publicación que hagas en Instagram, deberías incluir aproximadamente de 8 a 11 "hashtags" que sean relevantes para tu negocio, maximizando los beneficios de las "hashtags" sin incluir demasiadas.

Aquí tienes algunos consejos para encontrar las "hashtags" adecuadas:

- **Determina las mejores "hashtags" relacionadas con tu producto:** Selecciona el icono de la lupa en la parte inferior de la aplicación y escribe una palabra clave. Si eres el dueño de una agencia de viajes, puedes escribir simplemente "viajar" en la barra de búsqueda de la parte superior. Instagram te mostrará todas las "hashtags" relacionadas más importantes. Esto te puede ayudar a determinar qué palabras clave están buscando los usuarios y sobre cuáles se están publicando entradas en Instagram.

Figura 8.2: Ejemplo de cómo encontrar las "hashtags" más populares en Instagram.

- **Analiza lo que hacen tus competidores:** Echa un vistazo a las "hashtags" que están utilizando otros negocios de tu sector y comprueba cómo los clientes están respondiendo a ellas.

- **Crea tus propias etiquetas únicas:** Es una gran manera de generar participación y compromiso con tu marca. Imagina que estás patrocinando una recaudación de fondos de 5,000 dólares y que eres el dueño de un café. Podrías idear algo como #5KCoffeeDash y promocionarlo en tu negocio físico, animando a tus seguidores a publicar sus propias fotos usando la etiqueta en sus cuentas personales de Instagram.

- **Utiliza "hashtags" locales:** Añade tu ciudad a tus "hashtags" para aumentar a posibilidad de que los turistas y personas locales sean capaces de asociar tu negocio con tu localización.

- **Comprueba las "hashtags" más importantes que en este momento están de moda en el mundo entero:** Puedes encontrar estas "hashtags" más importantes en *http://websta.me/hot.* Recuerda que muchas de estas etiquetas no están relacionadas con el mundo empresarial, por lo tanto, utiliza sólo aquellas que sean relevantes para tu negocio.

Una vez que hayas decidido que "hashtags" te gustaría usar a menudo, guárdalas en tu teléfono para poder acceder a ellas de manera rápida. También puedes visitar las fotos de Instagram que hayas publicado anteriormente, y añadir nuevas "hashtags" a los comentarios para conseguir promoción adicional.

75. MEJORA TU CONTENIDO USANDO ESTAS TRES APLICACIONES DE INSTAGRAM

Si estás intentando hacer que tu contenido de Instagram sea más atractivo e interesante para tus clientes, y que les anime a participar e interaccionar con tu marca, hay varias herramientas excelentes que podrías usar. Cada una de estas herramientas es gratis, fácil de usar y ha sido diseñada por Instagram, lo que quiere decir que son perfectamente compatibles con Instagram y que se actualizan de manera regular.

CREA GIFS ANIMADOS USANDO LA APLICACIÓN BOOMERANG

Cuando quieras añadir un poco de vida a tu contenido en Instagram, puedes usar Boomerang para crear un GIF animado. Un GIF animado (Graphics Interchange Format) es básicamente un conjunto pequeño de imágenes que tiene un movimiento en bucle. Es una estrategia excelente para hacer que tu contenido capte la atención de tus seguidores. Boomerang también es apropiado para los propietarios de negocio que quieren que su contenido conecte emocionalmente con sus seguidores, haciéndoles reír o haciendo que piensen gracias a un bucle corto pero concreto y focalizado.

Figura 8.3: Aplicación Boomerang.

UTILIZA HYPERLAPSE PARA HACER VIDEOS CON UN MOVIMIENTO RÁPIDO

Los consumidores de hoy en día tienen poca capacidad de atención. Con los ajustes de doble y triple velocidad disponibles a través de Hyperlapse, puedes compartir videos significativos sin que tus seguidores tengan que interaccionar durante largos períodos de tiempo. Puedes utilizar este tipo de videos de muchas maneras diferentes para compartir información con tus clientes. Por ejemplo, si quieres ofrecer una descripción general de un evento que hayas completado de forma satisfactoria o mostrar a tus seguidores cómo preparar un plato delicioso de tu restaurante, Hyperlapse puede ayudarte a hacerlo de una manera efectiva.

En este momento, Hyperlapse sólo está disponible para los usuarios de iOS, a diferencia de otras herramientas que se mencionan aquí, que están disponibles tanto para usuarios de Android como de iOS.

Figura 8.4: Aplicación Hyperlapse.

MEJORA TUS HABILIDADES NARRATIVAS VISUALES CON LA APLICACIÓN LAYOUT

La aplicación Layout te deja integrar sin problemas varias imágenes para formar una única foto, permitiéndote construir una historia. Hay varias maneras diferentes de hacer esto. Para una boutique que vende ropa vintage o de época, podrías querer juntar varios elementos, contando la historia de cómo alguien diseñó el traje perfecto para una noche en la ciudad.

Layout te permite compartir múltiples imágenes en un sólo lugar sin necesidad de inundar los muros de noticias recientes de tus seguidores con un montón de fotos individuales. Juntando varias imágenes, puedes captar la atención de tus seguidores durante un período de tiempo más largo y hacer que sea más fácil para ellos el experimentar una conexión emocional con tu marca.

Cuando quieres que tu contenido atraiga a clientes potenciales y les anime a conectar con tu marca, estas tres herramientas son un lugar excelente por dónde empezar.

Figura 8.5: Aplicación Layout.

76. CREA UNA SERIE DE VIDEOS CORTOS EN INSTAGRAM

Muchas empresas pequeñas no utilizan una de las herramientas más potentes disponibles en Instagram - los videos cortos. Los videos pueden añadir interés a tu conjunto de noticias, compartir información con tus seguidores, y ofrecer una nueva perspectiva a tus clientes acerca de las cosas que hacen que tu negocio sea especial y único. Estos videos no tienen que ser largos - de hecho, la longitud recomendada es sólo de entre 7 y 15 segundos.

Aquí tienes algunas ideas importantes a la hora de implementar contenido de video en tus publicaciones en Instagram.

- **Permite que tus consumidores echen un vistazo a lo que ocurre entre bastidores:** A los clientes les encanta percibir personalidad en los negocios que siguen. Una manera excelente de hacer esto es mostrar una compilación corta de tus empleados preparándose para comenzar el día.

- **Demuestra cómo están hechos tus productos:** La gente tiende a valorar más un producto cuando se dan cuenta de la cantidad de mano de obra que necesita su diseño. Ofrece una pequeña descripción de cómo se fabricaron tus productos, permitiendo que tus consumidores respondan con preguntas.

- **Ofrece consejos útiles:** Esta es una idea especialmente buena para aquellos negocios que ofrecen consultas o coaching, pero también puede usarse para aquellos negocios que están basados en un catálogo de productos. Cuanto más valioso sea el contenido que compartes con tus seguidores, más les gustarás y más confiarán en ti.

- **Comparte comentarios de clientes felices:** Junta varios comentarios rápidos de clientes satisfechos compartiendo por qué eligieron patrocinar tu negocio.

- **Muestra fotos del "antes" y el "después":** Es una solución excelente para empresas de pérdida de peso, salones de belleza, y otros negocios que quieran compartir resultados visuales con sus clientes.

- **Muestra contenido a velocidades más rápidas:** ¿Quieres mostrar algo desde el principio al final, pero no hacer que tus consumidores se tengan que sentar durante mucho tiempo para verlo? Usa opciones de doble o triple velocidad para compartir la misma información de una manera divertida.

Si te quedas atascado creativamente, pregunta a tus mejores clientes qué clases de video les gustaría ver y pide su opinión acerca de tu contenido. Con un poco de tiempo y práctica, puedes disfrutar las ventajas que los videos cortos en Instagram pueden ofrecer a los propietarios de negocios.

77. LLAMA LA ATENCIÓN DEL USUARIO CON COLLAGES DE VIDEO UTILIZANDO PICPLAYPOST

Hay varias aplicaciones útiles para mejorar tu contenido en Instagram, pero sin duda mi favorita es PicPlayPost, aplicación que muy pocas empresas utilizan. Esta aplicación está disponible en iOS y Android, y te permite crear videos cautivadores e incluso animaciones GIF.

En Instagram, todo lo que es diferente y nuevo atraerá la atención del usuario. Con PicPlayPost pueden crear fácilmente y rápidamente collages de video, mostrando varios clips de video que se reproducen simultáneamente dentro de un video.

La imagen inferior muestra un ejemplo de este tipo de video collage. Es un video para un restaurante que muestra tres platos diferentes en un menú determinado. Este tipo de contenido sorprende a los usuarios, y les hace querer ver tu contenido de una forma más cuidadosa.

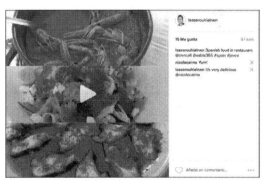

Figura 8.6: Ejemplo de video de Instagram creado por la aplicación PicPlayPost.

Enlace para descargar PicPlayPost en la tienda iOS:
https://itunes.apple.com/us/app/picplaypost/id498127541.

Enlace para descargar PicPlayPost en la tienda Google Play:
https://play.google.com/store/apps/details?id=com.flambe studios.picplaypost.

78. AUTOMATIZA TU CONTENIDO DE INSTAGRAM CON HOOTSUITE

Cuando diriges un pequeño negocio y estás buscando atraer e involucrar a tus clientes potenciales a través de los medios sociales, puede ser difícil encontrar el tiempo necesario para llevar a cabo todo lo que necesitas hacer para tener éxito. Hootsuite es una herramienta de automatización muy potente que puede ofrecer beneficios únicos para los propietarios de negocios que utilizan Instagram.

Hotsuite es un producto diseñado para hacer que la gestión de las cuentas de los medios sociales sea mucho más fácil y más efectiva para los propietarios de negocios. Integra más de 8 redes sociales diferentes en un mismo lugar, permitiendo a los usuarios pre-programar publicaciones, interaccionar directamente con los clientes, y ver todo el contenido de sus redes sociales en una sola aplicación.

Figura 8.7: Página de inicio de Hootsuite.com.

VENTAJAS DE HOOTSUITE PARA LA GESTIÓN DE INSTAGRAM

Los negocios que utilicen Hootsuite para la gestión de sus cuentas de Instagram pueden obtener numerosos beneficios. Hootsuite ofrece una programación flexible para que tu contenido pueda ser publicado automáticamente a horas establecidas, asegurándose de que tus fotos llegan a tus seguidores a las horas apropiadas y maximizando el impacto de cada publicación. Además, Hootsuite te permite interaccionar con tus clientes, hacer un seguimiento de tus competidores, y desarrollar las mejores prácticas para negocios como el tuyo. Sus herramientas de análisis también pueden ayudarte a ver si tus estrategias de redes sociales están funcionando bien o si pueden necesitar algún tipo de adaptación a lo largo del camino.

Como propietario de negocio, tu tiempo es muy valioso. Es importante que la gestión de los medios sociales no consuma el tiempo que necesitas para concentrarte en aquellas tareas que sólo tú puedes hacer dentro de la empresa. Hootsuite hace que sea más fácil delegar las tareas de Instagram a otros miembros de tu organización, al mismo tiempo que te permite supervisar sus actividades durante todo el camino. Si estás invirtiendo dinero en otras tecnologías de medios sociales, Hootsuite también puede gestionar muchas de estas herramientas en un único lugar, permitiéndote ahorrar tiempo y energía para ti y tu equipo.

Ninguna tecnología es perfecta. Las publicaciones programadas para Instagram a través de Hootsuite requieren que se lleven a cano algunos pasos de manera manual, lo cual quiere decir que el proceso no está completamente automatizado. Además, puede haber una curva de aprendizaje necesaria para conocer las características de la interfaz y la generación de informes disponibles en la aplicación de Hootsuite.

79. UTILIZA CORRECTAMENTE LOS EMOJIS O EMOTICONOS EN INSTAGRAM

Los emojis, que también se conocen como emoticonos, son pequeñas imágenes que ayudan a comunicar emociones. Se utilizan muy a menudo en las redes sociales, como por ejemplo en Facebook y Skype, así como en los servicios de mensajería instantánea, mensajes de texto y correos electrónicos. Aunque pueden parecer pequeños y estúpidos, son muy potentes cuando se usan correctamente en Instagram. En el contexto de Instagram, los emojis o emoticonos se utilizan mejor en las descripciones de fotos y en los comentarios.

Figura 8.8: Diferentes emojis que puedes usar en Instagram.

Estudios han mostrado que los negocios obtienen excelentes resultados cuando se utilizan emojis para añadir un toque de emoción o de sentimiento al texto escrito. Como los usuarios tienen asociaciones positivas con los emojis, utilizarlos en tu contenido puede ayudarte a generar confianza con tus clientes, haciendo que les resulte muy fácil decidirse a comprar a través de tu empresa. Estos pequeños caracteres pueden ayudarte a mostrar el lado humano de tu negocio.

Conviene que los emojis se utilicen con cuidado y con una intención adecuada. Si no los has usado en Instagram antes, echa un vistazo a publicaciones personales y de negocio para ver cómo pueden ser utilizados de manera correcta. Al usar los emojis, piensa en lo que van a comunicar y no abuses de ellos dentro de tu contenido. Sin embargo, si los introduces en tu comunicación a través de Instagram, puedes aumentar las interacciones positivas que tienes con tus seguidores.

80. PREGUNTAS FRECUENTES ACERCA DE INSTAGRAM

¿Se recomienda utilizar contenido generado por el usuario?

Sí, anima a tus clientes y consumidores a compartir fotos de tu negocio y de tus productos en Instagram usando la "hashtag" apropiada. Puedes usar la aplicación llamada "Re-publicar para Instagram" para compartir estas fotos en tu Instagram, dando crédito a los autores del contenido.

Normalmente, el contenido generado por el usuario es más interesante y relevante para tus clientes que el contenido creado por tu empresa.

¿Qué herramientas puedo utilizar para obtener los análisis de mi cuenta de Instagram?

Durante bastante tiempo la aplicación de análisis de Instagram más conocida fue IconoSquare, pero recientemente se eliminó la opción "gratis", y ahora es una herramienta de pago. Otras aplicaciones similares que pueden proporcionarte estadísticas de tu actividad en Instagram son socialinsight.io, *www.crowdfireapp.com* and *https://minter.io*.

Además, Simply Measured ofrece un informe de análisis gratuito para tu cuenta de Instagram en *http://simplymeasured.com/freebies/instagram-analytics*.

Utiliza estas herramientas para aclarar qué tipo de contenido funciona mejor para ti, y para generar más contenido de ese tipo.

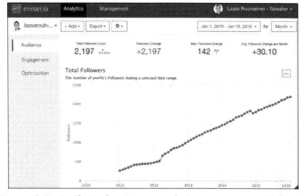

Figura 8.9: Análisis de mi cuenta de Instagram por Minter.io.

¿Deberían ser todas mis publicaciones acerca de mi empresa y sus productos?

No, eso sería aburrido para tus usuarios. Piensa desde el punto de vista de tu audiencia y del contenido que sería interesante para ellos. Por ejemplo, eventos o acontecimientos locales, o fotos relacionadas con ciertas épocas del año, como por ejemplo, Navidades, etc...

Tampoco utilices llamadas a la acción en todas tus fotos, en lugar de eso intenta generar confianza y credibilidad compartiendo consejos interesantes y fotos que no tengan nada que ver con tu negocio.

TRES PASOS DE ACCIÓN SUGERIDOS A PARTIR DEL CAPÍTULO 8:

Echa un vistazo a las tres acciones sugeridas relacionadas con el contenido de este capítulo. Trata de completar estas acciones antes de pasar al siguiente capítulo.

- Si no tienes una cuenta en Instagram en este momento, configura tu perfil siguiendo las recomendaciones de la estrategia 72. Si ya tienes una cuenta, asegúrate de que has configurado tu cuenta de acuerdo con estos consejos.

- Descarga las tres aplicaciones sugeridas para desarrollar el marketing de Instagram de acuerdo con la estrategia 75. También descarga PicPlayPost según se recomienda en la estrategia 77.

- Aprende de las preguntas más frecuentes (estrategia 80), porque ofrecen ideas muy valiosas que puedes implementar en tus estrategias de marketing en Instagram.

CAPÍTULO 9:

ESTRATEGIAS DE PUBLICIDAD DE INSTAGRAM

En 2015 Instagram abrió su plataforma de publicidad a todo el mundo, y actualmente los anuncios de Instagram ofrecen una oportunidad excelente, porque la plataforma no tiene tanta competencia como tienen los anuncios de Facebook.

Antes de leer este capítulo, te recomiendo que revises todos los consejos y estrategias sobre la publicidad de Facebook que se trataron anteriormente en este libro, porque hay muchas similitudes entre ambas plataformas.

81. ENTIENDE LOS FORMATOS DE ANUNCIO BÁSICOS DE INSTAGRAM

En este momento, Instagram ofrece tres tipos diferentes de anuncios, aunque existe la posibilidad de que se añadan más a sus servicios en un futuro próximo. A diferencia de lo que ocurre con los anuncios que pueden ser creados con Facebook, los anuncios de Instagram sólo se pueden ver en los dispositivos móviles. Por eso cuando diseñes tus anuncios para Instagram, ten en cuenta que tu contenido debe ser optimizado para visualizarlo desde un dispositivo móvil.

Los tres formatos de anuncio disponibles a través de Instagram son los siguientes:

- **Anuncios de foto:** Usan una imagen estática única para presentar un producto o una oferta. Cuando utilices anuncios de foto, asegúrate de que tu imagen es relevante para tu negocio. Comprueba los anuncios para otros negocios de tu industria para ver lo que funciona mejor para el público objetivo al que te diriges.

- **Anuncios de video:** Son similares a los anuncios de video de Facebook, así que revisa ese capítulo para conocer las mejores prácticas. Recuerda que conviene usar movimiento y color para hacer que tu contenido sea interesante y dar una clara llamada a la acción para maximizar tu impacto. Ahora Instagram puede incluir videos de hasta un minuto de duración, que se pueden ver en modo retrato o paisaje.

- **Anuncios por secuencia:** Estos anuncios están formados por una serie de imágenes relacionadas. Son particularmente útiles para empresas que muestran muchos productos, como por ejemplo, empresas e-commerce o del mundo de la moda, y puede ser una manera excelente de contar una historia a través de tu anuncio.

La mayoría de los anunciantes comienzan sus campañas con foto anuncios, pero puedes probar los diferentes tipos de anuncio disponibles a través de Instagram para ver cuáles funcionan mejor para ti.

Antes de crear tus propios anuncios, haz capturas de pantalla de los anuncios que ves en Instagram y analiza lo que tienen de bueno o cómo podrían mejorarse. Todos los anuncios de Instagram tienen la palabra "patrocinados" en la esquina superior derecha del anuncio y una llamada a la acción debajo del anuncio.

82. APRENDE A CONTROLAR LOS TRES ELEMENTOS ESENCIALES DE LOS ANUNCIOS DE INSTAGRAM

Figura 9.1: Ejemplo de anuncio en Instagram.

Hay tres componentes diferentes que forman parte de cualquier anuncio exitoso de Instagram:

- Creativo (foto o video): Éste es el componente más importante de tu anuncio. Tómate tu tiempo para planificar y crear elementos creativos que puedan captar el interés de tus clientes ideales. El tamaño ideal de la imagen es 1080 x 1080 píxeles. Si usas un video en tu anuncio, el tamaño no debería ser mayor de 30 MB. Los videos se silencian en Instagram, y el usuario necesita pulsar en el video para activar el sonido.

- Botón de llamada a la acción: Cada anuncio de Instagram lleva incluido un botón con una llamada a la acción que aparece justo debajo de la imagen del anuncio. En el momento de escribir este libro, Facebook te permite utilizar ocho llamadas a la acción diferentes en los anuncios de Instagram. En la imagen inferior puedes ver tres posibles llamadas a la acción.

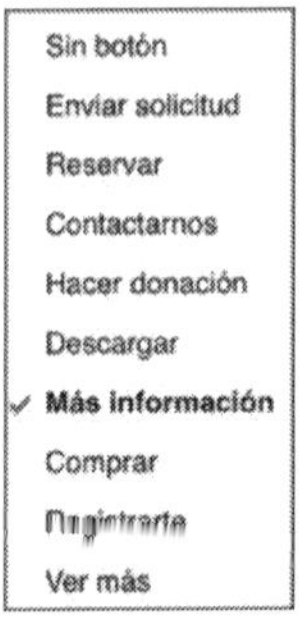

Figura 9.2: Diferentes llamadas a la acción que puedes utilizar con los anuncios de Instagram.

- Texto del pie de foto: Intenta empezar con una pregunta. Céntrate en el resultado final que tu cliente ideal conseguirá cuando haga clic en tu anuncio. Actualmente hay un límite de 300 caracteres y no se recomienda usar un enlace a un sitio web, porque no se puede hacer clic en ese enlace.

83. CREA UNA CUENTA EN INSTAGRAM

Si no tienes una cuenta en Instagram, te recomiendo crear una de acuerdo con las directrices descritas en el capítulo anterior. Sigue a otras empresas y cuentas en tu industria y trata de hacerte una idea acerca de cómo utilizan Instagram. Analiza también cómo responden a los comentarios y cómo interaccionan con sus seguidores.

Hay una manera de crear anuncios de Instagram sin necesidad de tener una cuenta en Instagram; todo lo que necesitas es una Página de Empresa en Facebook. Sin embargo, no es una práctica recomendada porque tiene los siguientes inconvenientes

- No puedes responder a los comentarios que la gente escribe en tu anuncio. Éste es un gran inconveniente, porque la interacción es una parte muy importante de los anuncios de Instagram.
- En tu anuncio se usará tu página de Facebook y tu imagen. Cuando la gente haga clic en ella, no les conducirá a tu perfil en Instagram (porque no tienes uno) y podría confundir a la gente y generar desconfianza, porque a algunas personas quizá les gustaría visitar el perfil del anunciante en Instagram para saber algo más de él.

84. RESPETA Y SIGUE LAS DIRECTRICES DE CALIDAD EN LOS ANUNCIOS DE INSTAGRAM

Cuando diseñas anuncios de Instagram, es importante seguir las directrices de calidad del anuncio. Reserva tiempo para planificar cómo puedes hacer que tus anuncios sean relevantes para tu público objetivo. Los mejores anuncios son útiles para clientes potenciales. Conviene que los anuncios no parezca spam o prometan algo que es demasiado bueno para ser cierto. Estas prácticas no sólo son poco profesionales, sino que pueden perjudicar a tu marca en lugar de ayudarla.

La mejor manera de crear una experiencia positiva para tu cliente al visualizar tu anuncio es mantener tu texto, imágenes y página de inicio (la página web a la que tu anuncio llevará) lo suficientemente relevantes entre sí y con tu producto o servicio.

Instagram tiene varias directrices para ayudarte a saber lo que deberías evitar en un anuncio. Ten en cuenta que si tienes demasiados anuncios rechazados, esto podría causar que tu cuenta sea marcada o suspendida por Instagram

Aquí puedes echar un vistazo a algunos errores comunes que deberías evitar:

- Mala calidad de imagen (incluyendo imágenes poco claras y recorte extraños).
- Redacción poco clara (incluyendo errores gramaticales y de puntuación).
- Enlaces, imágenes o descripciones irrelevantes.

Al igual que con los anuncios de Facebook, deberías leer y revisar las políticas de anuncio de Instagram en *www.facebook.com/policies/ads*.

85. EMPIEZA TU PRIMERA CAMPAÑA DE PUBLICIDAD EN INSTAGRAM

El empezar a publicar tus anuncios en Instagram es un proceso bastante similar a la publicación de anuncios en Facebook. Estos son algunos pasos básicos que deberías seguir para crear tu primer anuncio:

- En el Business Manager de Facebook (que puede encontrarse en business.facebook.com), conecta tu cuenta de Instagram con tu cuenta de anuncios de Facebook.
- Ve a *www.facebook.com/ads/create* y selecciona un objetivo para tu anuncio de Instagram. Los objetivos de anuncio más comunes que se usan para los anuncios de Instagram son "Clics al Sitio Web" y "Vistas de Video".
- Selecciona el público objetivo, una programación y un presupuesto para tu anuncio, de la misma forma

que lo harías al crear una campaña de publicidad en Facebook. Ten en cuenta que se te dará una estimación de lo que será tu alcance potencial diario en Instagram, como se muestra en la imagen inferior.

Figura 9.3: Ejemplo de un alcance diario estimado en Instagram.

Esta estimación se calcula de acuerdo con tu público objetivo y tu presupuesto diario.

Sube el contenido de tu anuncio, que puede ser una imagen o un video. La imagen que uses en Instagram tiene que tener unas dimensiones de al menos 600 x 315 píxeles (siempre  puedes cambiar el tamaño de la imagen usando *www.canva.com)*. Idealmente tu imagen debería ser un cuadrado (1:1). Después de subir tu imagen, puedes hacer clic en el pequeño icono de recortar en el botón situado en la esquina derecha de la imagen.

Esto abrirá una herramienta que te permitirá recortar tu imagen fácilmente para que la versión que se muestra en Instagram sea un cuadrado.

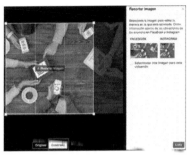

Figura 9.4: La herramienta de recorte de Facebook te permite recortar tu imagen de forma que ésta sea cuadrada.

- **Conecta tu cuenta de Instagram:** Cuando creas tu anuncio de Instagram por primera vez, necesitas conectar tu cuenta de Instagram. Haz clic en el botón que tiene el texto "Añade una Cuenta". Se abrirá una ventana pop-up y podrás introducir el nombre de usuario y la contraseña de tu cuenta para conectar tu cuenta de Instagram.

Figura 9.5: Conecta tu cuenta de Instagram para la publicidad.

- **Selecciona qué texto y qué llamada a la acción quieres utilizar:** Introduce el texto que quieras utilizar con tu anuncio, teniendo en mente que el límite es de 300 caracteres, y elige un botón de llamada a la acción que se mostrará debajo de la imagen de tu anuncio (echa un vistazo a la imagen inferior a modo de ejemplo).

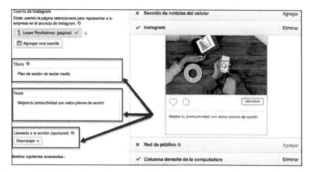

Figura 9.6: Captura de pantalla del proceso de creación de un anuncio en Instagram.

- **Selecciona la ubicación para tu anuncio:** Normalmente tu anuncio se mostrará en Instagram, pero además puedes elegir si quieres que aparezca también en las noticias recientes móviles de Facebook.

- Para comenzar tu campaña haz clic en el botón de **"Realizar Pedido"**.

El proceso de creación de anuncios en Instagram también se puede llevar a cabo en el Power Editor de Facebook, pero aquí he tratado de cómo se hace en el administrador de anuncios de Facebook, porque la mayor parte de los usuarios utilizarán esa opción.

86. PRUEBA LOS ANUNCIOS DE FACEBOOK E INSTAGRAM A LA VEZ

Una manera excelente de maximizar tus campañas en las redes sociales sin tener que gastar un montón de tiempo y de dinero es usar la plataforma de anuncios de Facebook para crear tanto los anuncios de Facebook como los anuncios de Instagram. Como sólo estás utilizando una interfaz, es bastante simple aprender a hacerlo, y por lo tanto tendrás que pasar menos tiempo creando tus campañas. Cuando crees tus anuncios, puedes utilizar la misma segmentación para los públicos objetivos de ambas plataformas, definiendo los intereses, aspectos demográficos, y las localizaciones a las que quieres llegar, y podrás ver de antemano la cantidad aproximada de personas que verán tus anuncios.

Reproducir la misma campaña en ambas plataformas tiene varias ventajas. Imagina que alguien va a su página de Facebook, ve tu anuncio, y después, cuando va a Instagram, ve el mismo anuncio otra vez. Esto puede reforzar el anuncio original en su mente y provocar la sensación de que es una campaña mucho más grande. Esto puede ser genial para los negocios, porque puede dar la impresión de que tu empresa tiene un alcance amplio. Al probar simultáneamente tus anuncios de Facebook y de Instagram, puedes multiplicar el efecto de un anuncio individual y obtener mejores resultados.

Después de que hayan pasado 24 horas, comprueba los análisis para tu campaña de publicidad y analiza si una plataforma es más efectiva que la otra. Si ocurre así, puedes interrumpir el anuncio secundario y continuar con el anuncio más rentable; de lo contrario, sigue usando los dos.

87. SÉ CONSCIENTE DE LAS MEJORES PRÁCTICAS DE ANUNCIOS DE IMÁGENES EN INSTAGRAM

Como ya mencioné anteriormente, no utilices ninguna imagen aleatoria en tu anuncio, sino que es aconsejable que planifiques y crees imágenes de anuncio impactantes.

- **Sé creativo:** En la imagen inferior puedes ver una imagen de anuncio creativa en Instagram que es diferente al resto, y que llama la atención de los usuarios.

Figura 9.7: Imagen de anuncio de Instagram.

- **Prueba imágenes de dibujos animados o imágenes gráficas:** En esta otra imagen que aparece más abajo, puedes ver un ejemplo de una imagen de dibujos animados, que de nuevo es muy diferente de las imágenes usuales que la gente ve en Instagram.

Figura 9.8: Imagen de anuncio de Instagram.

- **Evita usar demasiado color blanco:** El color de fondo de Instagram es blanco y por lo tanto, es aconsejable que no uses anuncios con mucho color blanco en su contenido porque la gente que se desplaza rápidamente a lo largo de sus noticias en Instagram, probablemente no notará este tipo de anuncios. En la imagen situada más abajo puedes ver una imagen de anuncio que tiene mucho color blanco en su contenido.

Figura 9.9: Ejemplo de anuncio de imagen de Instagram.

- **Prueba a utilizar una flecha que dirija la atención al botón de llamada a la acción:** En la esquina inferior izquierda de la imagen de tu anuncio puedes introducir una flecha que dirija la mirada hacia el botón de llamada a la acción. Se puede observar un ejemplo de esta práctica en la imagen inferior. Esto puede aumentar significativamente la cantidad de clics que recibe el anuncio.

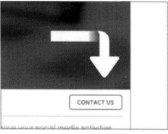

Figura 9.10: Ejemplo de utilización de una flecha para dirigir la atención de los usuarios a las llamadas a la acción.

Además, ten en cuenta que no puedes usar más del 20% de texto en cada imagen de anuncio. Esta misma regla se aplica a las imágenes usadas en la publicidad de Facebook. Puedes usar esta herramienta proporcionada por Facebook para ver si tu imagen contiene menos del 20% de texto: *www.facebook.com/ads/tools/text_overlay*.

88. PRUEBA TANTAS IMÁGENES COMO SEA POSIBLE EN INSTAGRAM

Aquí tienes la opinión de un experto de Instagram y Facebook, Rocco Baldasarre, que comparte un estudio de caso muy interesante acerca de cómo ayudó a un cliente a conseguir unos resultados excelentes probando diferentes imágenes.

OPINIÓN DE EXPERTO - ROCCO BALDASARRE

"Old School Labs es una compañía con sede en los Estados Unidos cuya misión es crear suplementos premium y con una calidad absoluta para clientes informados que quieren lo mejor de lo mejor.

Decidimos promocionar un producto llamado Vintage Base (un multivitamínico con probióticos 2 en 1) usando los anuncios de Instagram porque queríamos saber si la comunidad que se preocupa por el bienestar y la condición física generaría un coste por adquisición (CPA) rentable. El objetivo de esta campaña era tener un CPA o coste de 10 por cada venta.

Para comparar la eficacia de los anuncios de Instagram, decidimos probar lo que ocurría con nuestros públicos objetivos en las noticias de escritorio y móviles de Facebook.

En la imagen inferior, puedes ver los resultados de la campaña a lo largo de un período de 30 días:

Número total de ventas: 343.
Coste por cada venta: $5.60.
Cantidad gastada: $1,921.35.

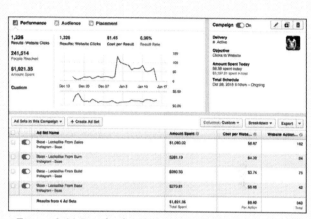

Figura 9.11 Resultados de la campaña de Instagram de Rocco Baldasarre.

Al optimizar tus campañas de Instagram, prueba tantas imágenes como sea posible. Estas imágenes son las que más influencian el coste por adquisición (CPA), y las imágenes de anuncio pierden eficacia si se muestran demasiado a menudo a los mismos usuarios".

Rocco Alberto Baldasarre
Fundador y CEO,
www.zebraadvertisement.com

89. DIRÍGETE A TU LISTA DE CORREOS ELECTRÓNICOS O A LOS VISITANTES DE TU SITIO WEB EN INSTAGRAM

Anunciarse a un público objetivo que ya te conoce, siempre producirá mejores resultados que anunciarse a gente que está viendo tu producto o servicio por primera vez. Esta es una de las principales razones por lo que el re-marketing es una práctica muy recomendada.

En el capítulo 6 de este libro, hablamos del re-marketing en Facebook y de cómo crear las audiencias para el re-marketing de Facebook incluyendo a la gente que está en la lista de correos electrónicos para tu newsletter, o a aquellos que han visitado tu sitio web en el pasado. Puedes dirigirte a estas mismas audiencias con los anuncios de Instagram. Por ejemplo, puedes dirigirte a tus suscriptores por correo electrónico, para recordarles que tienes en la actualidad una promoción u oferta vigente.

Estos tipos de campañas suelen tener un rendimiento excelente y generar un coste por clic y un coste por venta más baratos que los que están asociados a una segmentación y definición de público objetivo típica basada en los intereses.

90. APRENDE DE LAS PREGUNTAS FRECUENTES MÁS COMUNES ACERCA DE LOS ANUNCIOS DE INSTAGRAM

¿Cómo puedo medir los resultados de mi campaña en Instagram?

Se puede hacer en el administrador de anuncios de Facebook en *www.facebook.com/ads/manager*, en el mismo lugar donde analizarías los resultados de tus campañas de anuncios en Facebook. En el administrador de anuncios de Facebook, también puedes editar tus anuncios de Instagram.

Con los anuncios de Twitter puedes utilizar una "hashtag" con tu anuncio. ¿Es eso posible en Instagram?

El utilizar una "hashtag" o etiqueta específica implica que tus anuncios se mostrarán cuando la gente busca una "hashtag" en concreto. En el momento de escribir este libro, esta opción no está disponible, pero Instagram podría empezar a ofrecer esa opción más adelante.

¿Debería responder a los comentarios que la gente escribe en mi anuncio de Instagram?

Claro que sí, cuántos más comentarios y participación tengas para tu anuncio, mucho mejor. Es aconsejable que intentes responder todos y cada uno de los comentarios y preguntas rápidamente y en el momento oportuno.

¿Cuál debe ser la duración de mis anuncios de video en Instagram?

Deberían tener una duración de entre 3 y 30 segundos.

TRES PASOS DE ACCIÓN SUGERIDOS A PARTIR DEL CAPÍTULO 9:

Echa un vistazo a las tres acciones sugeridas relacionadas con el contenido de este capítulo. Trata de completar estas acciones antes de pasar al siguiente capítulo.

- Tómate todo el tiempo necesario para entender el formato básico de anuncios en Instagram (estrategia 81) y los elementos esenciales de los anuncios de Instagram (estrategia 82).

- Aprende las directrices básicas de anuncios en Instagram de las que se habló en la estrategia 84.

- Revisa las ideas para las imágenes de anuncio de Instagram que se trataron en la estrategia 87, y haz una lista de tus posibles 3 primeros anuncios y una lista de temas sobre los que podrían tratar.

CAPÍTULO 10:

ESTRATEGIAS DEL MESSENGER DE FACEBOOK Y WHATSAPP

La mensajería instantánea móvil está creciendo rápidamente para convertirse en una de las formas más importantes de comunicación en el mundo empresarial moderno. Dos aplicaciones propiedad de Facebook, WhatsApp y el Messenger de Facebook, son las aplicaciones de mensajería más populares y ofrecen formas innovadoras para que las empresas se comuniquen con sus clientes.

Otras aplicaciones similares incluyen WeChat y Skype, así como Viber y Slack, que se usan principalmente para comunicaciones internas dentro de las empresas. Sin embargo, el WhatsApp y el Messenger de Facebook son los más utilizados, y en este capítulo descubrirás una gran cantidad de estrategias en las que se pueden utilizar estas aplicaciones modernas de mensajería instantánea para ayudarte a aumentar tus ventas.

Al principio de este libro señalé la importancia de entender el embudo de ventas de tu cliente. WhatsApp y el Messenger de Facebook son unas herramientas excelentes para aumentar tus conversiones de ventas con gente que ya conoce tu negocio o que son compradores habituales. Por lo tanto, están más indicadas para las personas que están al final de tu embudo de ventas, que sólo quieren más información, y no deberían utilizarse como spam o para enviar mensajes no solicitados.

91. GENERA CONFIANZA RESPONDIENDO RÁPIDAMENTE A LAS PREGUNTAS DE LOS CLIENTES EN FACEBOOK

¿Te gustaría ir por delante de tus competidores? Si respondes rápidamente a los comentarios y preguntas de tus clientes en Facebook, esto te ayudará enormemente a conseguirlo.

En el mundo de hoy en día, los consumidores están muy ocupados. Dependen de sus dispositivos móviles para poder enviar mensajes rápidamente y también esperan recibir una respuesta rápida, especialmente si están comunicándose con negocios. Muchas de estas comunicaciones tienen lugar a través del Messenger de Facebook.

Facebook ahora ofrece un mensaje a los consumidores que muestra el tiempo de respuesta de tu empresa a sus consultas. Estos mensajes especiales pueden ayudarte a aumentar el número de consultas que recibes, haciendo que tu sitio web aumente sus posibilidades de negocio, porque anima a los clientes a "Enviar un Mensaje Ahora" y esperar una respuesta rápida.

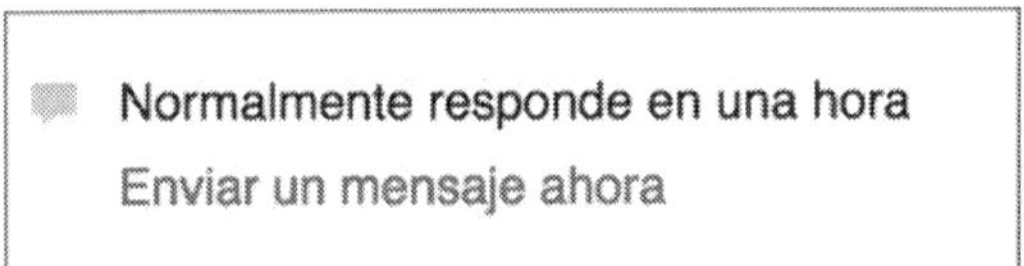

> Normalmente responde en una hora
> Enviar un mensaje ahora

Figura 10.1: Texto en la Página de Empresa de Facebook que indica el tiempo que la empresa tarda en responder a las consultas de sus clientes.

Imagina que quieres comprar un artículo de ropa, quieres hacer una pregunta y estás comparando tus opciones entre dos sitios web diferentes: Un sitio web indica que la empresa responde a las consultas en un plazo de una hora y el otro no tiene ninguna indicación con respecto al tiempo de respuesta. Probablemente te pondrás en contacto con el negocio que tiene un tiempo de respuesta de una hora.

Un tiempo de respuesta rápido es muy importante en el mundo empresarial moderno. Si tienes un tiempo de respuesta excelente, Facebook te permitirá, como administrador de la página, añadir un distintivo o símbolo llamado "Muy buena capacidad de respuesta" a los mensajes, lo que supone una validación extra que indica a los consumidores que pueden confiar en tu servicio.

92. RECONOCE EL GRAN IMPACTO QUE EL MESSENGER DE FACEBOOK TENDRÁ EN LOS NEGOCIOS

Con más de 800 millones de usuarios activos al mes, el Messenger de Facebook es una de las aplicaciones más populares en el mundo de hoy en día. Fue reconocida como la aplicación de crecimiento más rápido del año 2015, según la empresa Nielsen.

Facebook está constantemente desarrollando el Messenger y diferenciándolo del resto de los componentes de Facebook. En concreto, están trabajando para desarrollar aplicaciones interesantes para las empresas a través del Messenger de Facebook.

Con el Messenger de Facebook, los clientes pueden ponerse en contacto con una empresa a través de la página de empresa de Facebook, y a continuación entablar una conversación a través del Messenger. Muchos clientes prefieren tener esta experiencia a hacerlo cómo se hacía antiguamente, buscando en el sitio web la dirección de correo electrónico correcta para ponerse en contacto con la persona adecuada en una empresa determinada. Ahora, pueden buscar a la persona correcta en la aplicación de Messenger y enviarle un mensaje rápidamente.

Facebook ha mejorado la experiencia para los negocios permitiendo a las empresas el gestionar sus conversaciones y respuestas a través de la interfaz de escritorio, disponible en *www.messenger.com*. También han incluido funciones que permiten que se puedan realizar llamadas de video de alta calidad entre diferentes usuarios, lo que también puede convertirse en una herramienta muy útil para las empresas.

Figura 10.2: Messenger de Facebook. Crédito de la imagen de Facebook en www.messenger.com.

Facebook está trabajando actualmente en varias funciones que mejorarán la manera en que las empresas llevan a cabo sus negocios. En el futuro, serás capaz de pedir un taxi en Uber, reservar una habitación de hotel, establecer un itinerario para tu viaje, o hacer un pago, todo ello a través de la aplicación de Messenger de Facebook. También están implementando un nuevo asistente digital llamado "M" que ayudará a los usuarios a encontrar lo que están buscando rápidamente.

Facebook también está trabajando duro para atraer a clientes jóvenes a su servicio. El principal competidor para este público objetivo es Snapchat, que está ahora mismo mejorando su funcionalidad de mensajería para competir con el Messenger de Facebook.

Todas estas funciones y tendencias serán fundamentales para las empresas a medida que éstas desarrollan sus marcas online y maximizan las nuevas herramientas disponibles a través de Facebook.

93. FAMILIARÍZATE CON LAS FUNCIONES BÁSICAS DEL MESSENGER DE FACEBOOK

Aquí te presento una descripción general de las acciones básicas que puedes llevar a cabo para tu empresa con el Messenger de Facebook.

- **Enviar fotos y videos a tus clientes:** Si eres un agente inmobiliario, puedes enviar a tus clientes fotos de una casa o una visita de la casa en video, y puedes incluso editar las imágenes para llamar la atención sobre características concretas. La herramienta de edición es similar a la que existe en Snapchat, que es muy popular entre la generación del milenio. Guarda siempre videos y fotos importantes listas para ser mandados desde tu teléfono o tu ordenador, pero recuerda que es aconsejable que sean cortos y que vayan directos al grano.

- **Envía mensajes de audio:** Esta puede ser una herramienta genial para mantener el elemento "humano" de tu negocio y puede ayudarte a comunicar información compleja de una manera rápida y eficaz. Por ejemplo, si eres el propietario de un gimnasio y un cliente te pregunta acerca de una oferta determinada, un mensaje de audio agradable puede ofrecer más detalle en menos tiempo del que emplearías en escribir todo en forma de texto.

- **Comparte localizaciones de tu negocio:** Esta característica es particularmente útil para industrias basadas en los viajes que pueden estar interesadas en compartir indicaciones para que los clientes puedan llegar a las ubicaciones de sus negocios

- **Comunícate con los asociados de tu negocio a través de llamadas de video:** Esta herramienta es maravillosa como alternativa a Skype para aquellos que llevan a cabo negocios internacionales. La llamadas de voz se pueden hacer de forma gratuita utilizando una conexión Wi-Fi y además, son de gran calidad.

- **Envía GIFs animados:** Cuando quieras comunicar algo visualmente, pero de una manera rápida, envía un GIF animado. Estos tienen unos tamaños de archivo más pequeños que los videos, pero pueden ser animados con el fin de mostrar varias imágenes. Esta es una opción excelente para restaurantes o negocios que quieran destacar sus productos.

- **Hacer llamadas:** Puedes hacer llamadas de audio gratuitas de la misma manera que con otras aplicaciones cómo Skype.

- **Envía dinero:** En este momento esta característica sólo está disponible en los Estados Unidos. Usando una tarjeta de crédito, puedes enviar dinero a amigos y colegas. En un futuro próximo las empresas tendrán más acceso a otras funciones y características.

Figura 10.3: Ejemplo de mensaje del Messenger de Facebook.

Las stickers también pueden enviarse a través del Messenger de Facebook, pero no es necesario que todos los negocios las utilicen, porque por otro lado pueden considerarse como una herramienta de comunicación menos profesional. Sin embargo, su uso está ganando popularidad y conviene que te familiarices con su funcionamiento.

94. PREPÁRATE PARA APRENDER LAS NUEVAS APLICACIONES DE FACEBOOK MESSENGER DIRIGIDAS A LAS EMPRESAS QUE ESTARÁN DISPONIBLES PRÓXIMAMENTE

Facebook está trabajando en este momento en algunas funciones que se lanzarán pronto para ayudar a las empresas. Ahora mismo, Facebook está probando una nueva aplicación llamada Empresas en Messenger que permitirá a las compañías comunicarse de manera efectiva con sus clientes, tanto antes como después de realizar una compra. Con más de 50 millones de negocios utilizando actualmente las páginas de empresa de Facebook, esto ofrecerá un elemento de atención al cliente que anteriormente faltaba en la plataforma.

Para el desarrollo de esta herramienta, Facebook se ha asociado con Zendesk, una de las herramientas de atención al cliente basadas en la nube más importantes del mercado. Everline.com fue una de las primeras a las que se permitió probar en beta esta herramienta para ofrecer un completo servicio de atención al cliente. Los clientes podrán recibir notificaciones cuando sus artículos lleguen y hacer preguntas al equipo de atención al cliente a lo largo de todo el proceso a través del Messenger de Facebook. El objetivo de Facebook es proporcionar a las compañías la posibilidad de ofrecer un servicio de atención al cliente perfecto, sin problemas y de una manera profesional.

Uno de los aspectos importantes que puedes esperar en un futuro próximo son los diseños personalizados que facilitarán a los negocios el crear confirmaciones de pedidos y comunicaciones estándar.

Para prepararte de manera eficaz para utilizar de forma correcta esta herramienta de negocio, puedes empezar a usar Messenger desde la interfaz web en *www.messenger.com*, y preparar con antelación cualquier información esencial para tenerla lista y que puedas enviarla a tus clientes en cualquier momento. Prepara previamente a tu equipo de atención al cliente para que puedan responder de manera rápida y eficaz a los comentarios y preguntas de tus clientes.

95. ENTUSIÁSMATE CON LAS POSIBILIDADES QUE TRAERÁ EL NUEVO ASISTENTE VIRTUAL "M" DE FACEBOOK

Facebook ha estado trabajando en un nuevo asistente virtual, que se conoce como "M". Será similar en algunos aspectos al Siri de Apple o al Google Now, pero probablemente también tendrá funciones más potentes, que le permitirán realizar tareas más complejas a lo largo del tiempo. Ahora mismo, M funciona en el Messenger de Facebook, pero sólo está disponible para los usuarios de la versión beta.

Cuando empiece a funcionar, podrás preguntar a M las dudas más comunes, como por ejemplo, cómo está funcionando la Bolsa ese día, y recibir una respuesta rápida con enlaces relevantes para obtener información más detallada.

Sin embargo, también se está trabajando para desarrollar funciones más avanzadas. Imagina que quisieras investigar a tus competidores en un sector específico de tu industria. M te podría ayudar a hacerlo. Si quisieras abrir un bufete de abogados en Londres, podrías usar M para reunir detalles acerca de las tres firmas de abogados más grandes del área. Si fueras el propietario de un restaurante y quisieras averiguar cuáles son los mejores platos de tus competidores, M podría investigar de forma online en diferentes páginas web de opinión y proporcionarte la respuesta que necesitas. M también podrá ayudarte a ahorrar tiempo realizando tareas tediosas como llamar en tu nombre para cancelar servicios.

En el lanzamiento de la versión beta, M no tiene acceso a otras aplicaciones en tu teléfono, como le ocurre a Siri, pero el soporte para esa función podría ser añadido más adelante. Aunque algunas de las características iniciales de M podrían estar limitadas, podrá aprender a partir de tus respuestas y mejorar a lo largo del tiempo, lo que se conoce como "aprendizaje intenso". Los propietarios de negocios podrán hacer las cosas de una manera más rápida y eficaz con esta nueva herramienta.

96. DESCUBRE CÓMO WHATSAPP OFRECE GRANDES OPORTUNIDADES PARA LA COMUNICACIÓN EMPRESARIAL

Con más de 1 billón de usuarios activos en la actualidad, WhatsApp se ha convertido en una parte muy importante de la industria de la comunicación. Propiedad de Facebook, se estima que WhatsApp alcanzará 2-3 billones de usuarios en los próximos años. Con una gran base de usuarios, las compañías están empezando a darse cuenta de cómo les gustaría a los clientes utilizar WhatsApp en sus comunicaciones.

Figura 10.4: Sitio web de WhatsApp en www.whatsapp.com.

Aquí puedes echar un vistazo a algunos de los beneficios que obtendrás al usar WhatsApp para tu negocio:

- **Es gratis y fácil de usar:** Con una interfaz muy intuitiva, WhatsApp proporciona una experiencia de comunicación excelente sin ningún coste añadido.

- **Ofrece unos tiempos de respuesta muy rápidos:** Es más probable que los usuarios comprueben su comunicación a través de esta aplicación, en lugar de utilizar su correo electrónico o de comprobar sus llamadas perdidas. En los negocios, es un gran desperdicio de tiempo el esperar a que se devuelvan las llamadas. Porque si los usuarios pueden responder sobre la marcha, pueden responder más rápidamente a los mensajes enviados a través de WhatsApp.

- **Sustituye a los mensajes SMS (mensajes de texto):** Aunque algunas industrias, como por ejemplo los bancos más importantes, todavía utilizan los mensajes de texto, gran cantidad de negocios están empezando a utilizar WhatsApp en su lugar.

- **Ofrece una alternativa a las llamadas de teléfono:** Con llamadas gratis entre los usuarios en redes Wi-Fi, WhatsApp puede permitir a los clientes hacer llamadas a las empresas si éstos así lo desean. Aunque hay servicios similares, como por ejemplo Skype, estos tipo de servicios normalmente sólo se utilizan para llamadas entre personas que ya se conocen entre sí. Esto no es lo que ocurre con WhatsApp.

- **Funciona con todas las plataformas móviles:** Su amplio alcance juega un papel muy importante en su crecimiento tan sorprendente.

Actualmente las empresas están descubriendo que los consumidores prefieren comunicarse a través de WhatsApp. Con este interés por parte del sector empresarial, Facebook lanzará pronto el WhatsApp para empresas, que ofrecerá ventajas muy competitivas para las empresas.

97. APROVÉCHATE DE LAS VENTAJAS QUE WHATSAPP OFRECE PARA LAS EMPRESAS

Durante los últimos años, he preguntado a un gran número de empresas cómo se han aprovechado de la popularidad tan creciente de WhatsApp. Casi todos ellos dijeron que habían tenido experiencias sorprendentemente positivas al usar WhatsApp con sus clientes y que están contentos de seguir utilizando esta nueva forma de comunicación con sus clientes.

Aquí te indico algunos de los beneficios más comunes que pueden obtener aquellas empresas que usen la aplicación:

- **Velocidad:** WhatsApp se está convirtiendo en la manera más rápida de enviar y recibir información. Es más probable que los clientes vean tu contenido y que respondan rápidamente a través de WhatsApp, haciendo que sea una herramienta muy útil, especialmente para los clientes habituales.

- **Tasa de apertura:** Es más probable que los usuarios abran tus mensajes que un correo electrónico procedente de tu empresa.

- **Frecuencia de uso:** Los usuarios interaccionan con WhatsApp desde primera hora de la mañana, a lo largo de todo el día, y justo antes de irse a dormir por la noche.

- **Calidad de comunicación:** Muchos usuarios se comunican con sus amigos y familiares a través de WhatsApp. Cuando se usa para la comunicación de empresa de una manera adecuada, es más probable que se te perciba como alguien leal y en quien se puede confiar.

- **Preferida por los usuarios:** Los consumidores disfrutan de la experiencia de la comunicación más que con una llamada de teléfono tradicional.

- **Soporte para muchos tipos de mensajes:** WhatsApp permite a las empresas el enviar mensajes de voz y de video, así como mensajes de texto, lo que ofrece la oportunidad de crear contenido de carácter más participativo y la posibilidad de construir mejores relaciones con los clientes potenciales.

- **Mejores tasas de conversión:** Los negocios se han dado cuenta de que es más probable que los clientes potenciales hagan una compra cuando la comunicación se realiza a través de WhatsApp, en lugar de a través del correo electrónico o el teléfono.

- **Ayuda de emojis:** Las empresas que utilizan WhatsApp pueden incluir emojis o emoticonos para comunicar emociones y construir mejores relaciones con los clientes.

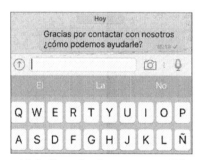

Figura 10.5: Ejemplo de mensaje en WhatsApp.

Siempre que utilices WhatsApp, evita siempre enviar mensajes no solicitados (spam) a tus clientes, porque es muy probable que los destinatarios identifiquen ese mensaje como spam y te bloqueen. Si varios usuarios bloquean tu número, WhatsApp podría eliminar tu cuenta de usuario.

Otro error muy común que hay que evitar es añadir a clientes que no se conocen los unos a los otros a un grupo de WhatsApp. Esto no es una práctica recomendada y molestará a los usuarios.

98. USA UN NÚMERO DIFERENTE PARA TU WHATSAPP Y PROMOCIÓNALO

En algunos casos, los propietarios de negocios han compartido su número personal con los clientes y rápidamente se han visto sobrepasados por el número de mensajes de WhatsApp que han recibido en sus teléfonos móviles personales.

Para solucionar este problema, es importante conseguir un número de teléfono diferente que se utilice únicamente para las comunicaciones de la empresa y especialmente para WhatsApp. Es muy barato añadir un nuevo número de teléfono para la mayoría de las empresas, y probablemente no sea necesario pagar por un plan de llamadas si tienes un dispositivo que pueda conectarse a una red Wi-Fi.

Cuando establezcas un número de teléfono adicional para tu negocio, también deberás establecer qué persona o personas de tu organización serán responsables de enviar las respuestas en el momento adecuado, e informar a tus clientes de que puedes ofrecer atención al cliente directamente a través de WhatsApp.

Asegúrate de incluir tu nuevo número en todas las comunicaciones promocionales de tu empresa, haciendo que aparezca al final de tus correos electrónicos, en folletos, en el sitio web de tu empresa, y en los perfiles de tu empresa en las redes sociales.

99. CREA UNA ESTRATEGIA PARA LAS RESPUESTAS DE WHATSAPP DE TU EMPRESA

Crear unas directrices de respuesta en WhatsApp puede ayudar a los empleados a responder de la manera adecuada y en el momento oportuno a preguntas y comentarios que hagan los clientes a través de WhatsApp. Las respuestas de WhatsApp se pueden enviar a través de un dispositivo móvil o a través de la web de WhatsApp, que se encuentra en *https://web.whatsapp.com*, cuando se necesitan elaborar respuestas más largas o más detalladas.

Estos son algunos de los temas que las directrices de WhatsApp de tu empresa deberían cubrir:

- **Quién responderá:** ¿Qué departamento empleados serán responsables de responder a los mensajes? ¿Tienen acceso a los materiales necesarios para ofrecer respuestas precisas y exactas?

- **Cómo se formula la respuesta:** Puede ser útil desarrollar algunas plantillas para la comunicación, especialmente para comenzar y finalizar las conversaciones. Por ejemplo, podrías crear una platilla que dijera "Gracias por hacer negocios con nosotros. Estamos aquí para ayudarte en todo lo que podamos". Las respuestas pre-escritas se pueden guardar en un teléfono o en un ordenador. Evita usar demasiadas respuestas predefinidas, porque podrían resultar poco agradables para algunos clientes.

- **Qué medios se utilizarán:** Las fotos y videos de tus productos pueden ser muy útiles cuando se guardan en tu teléfono o en tu ordenador para que puedas acceder a ellos de forma fácil y rápida. Por ejemplo, si alguien está interesado en una propiedad en alquiler que oferta tu empresa, enviar una foto o video sería la mejor manera de compartir información, mucho mejor que escribir una descripción larga. Los mensajes de audio también pueden ser una herramienta efectiva, si se usan de manera correcta.

- **Qué pasos hay que seguir a continuación:** Cuando un cliente se interesa por uno de nuestros productos o servicios, es una buena idea haber definido previamente todos los pasos necesarios para animarles a hacer una llamada y continuar con la transacción.

Y lo más importante, asegúrate siempre de indicar tus horas de negocio en WhatsApp, porque esto permitirá a los consumidores saber cuándo pueden esperar una respuesta inmediata por tu parte.

100. EXPANDE TU NEGOCIO DE MANERA GLOBAL CON WHATSAPP

JMB Group es una empresa innovadora que tiene su sede en el norte de España y que ofrece máquinas especiales de limpieza para autobuses y camiones. Anteriormente, utilizaban estrategias de promoción adicionales pero hace unos años les recomendé que empezaran a promocionar su número de WhatsApp de manera más destacada en su sitio web y en sus videos de YouTube.

OPINIÓN DE EXPERTO - CLAUDIA ARAUJO

Esto es lo que Claudia Araujo de JMB Group dijo acerca de las ventajas que han obtenido a través de WhatsApp:

"Anteriormente el único método para ponerse en contacto con nosotros era un número de teléfono, un correo electrónico o un formulario de contacto en nuestra página web.

Después de introducir nuestro número de WhatsApp y animar a la gente a que nos contactaran a través de ese número, de repente empezamos a recibir consultas de todo el mundo en países como Brasil, Marruecos y Costa Rica. Era gente que había visto nuestros productos en YouTube o en nuestra página web, pero que no se habían puesto en contacto con nosotros antes porque hacer llamadas internacionales es caro y escribir un email es algo que lleva tiempo cuando se hace desde un teléfono móvil.

Para nuestra sorpresa el uso de WhatsApp nos ha proporcionado una oportunidad increíble para expandir nuestro negocio de manera internacional y la ventaja adicional es que es tan rápido que puedes responder inmediatamente a la gente y empezar a construir una relación de negocios de manera inmediata. Con una comunicación a través de correo electrónico, eso llevaría mucho más tiempo. En este momento usamos WhatsApp de maneras muy diferentes y las siguientes son tan sólo algunas de ellas:

- *Enviar ofertas a los clientes que ya han comprado algún producto o servicio nuestro.*

- *Enviar enlaces de videos de productos a clientes interesados.*

- *Cuando nuestros clientes quieren pedir más productos siempre se ponen en contacto con nosotros a través de WhatsApp.*

- *También usamos WhatsApp para comunicarnos con nuestros clientes y asegurarnos de que el pedido ha llegado de manera correcta.*

Realmente apreciamos la recomendación de Lasse para usar WhatsApp y ahora nos ayuda a tener una comunicación instantánea con nuestros clientes y a trabajar de una manera más productiva. Animo a todas las empresas a empezar a implementar WhatsApp en sus negocios".

Claudia Araujo
JMB Group
www.jmbgrupo.com

101. APROVECHA EL PODER DEL ECOSISTEMA DE FACEBOOK Y EMPIEZA A ACTUAR

Espero que hayas aprendido una gran cantidad de consejos y estrategias útiles sobre cómo utilizar Facebook, Instagram, WhatsApp y el Messenger de Facebook para beneficiar a tu negocio. Una de las estrategias clave es diseñar un plan de acción para poder utilizar estas cuatro plataformas simultáneamente y conseguir el mayor impacto posible para tu negocio.

La mayoría de tus competidores probablemente no están sacando provecho de utilizar todo el ecosistema de Facebook a la vez - Facebook, Instagram, WhatsApp y el Messenger de Facebook - sino que quizá sólo están empleando uno o dos de ellos al mismo tiempo, y puede ser extremadamente ventajoso para tu negocio el aprovechar de manera correcta todo el conjunto del ecosistema de Facebook.

Recuerda que no es suficiente con leer estos consejos y estrategias, sino que también necesitas empezar a actuar. Te recomiendo reservar algo de tiempo a lo largo de las próximas semanas y planificar cómo puedes implementar los consejos y estrategias que son más importantes para tu negocio.

Podría ser útil que utilizaras las plantillas y la lista de verificación que proporciono como material de bonificación adicional para los lectores de este libro. Regístrate aquí o visita *www.101fb.com/resources* para descargar tus materiales adicionales.

TRES PASOS DE ACCIÓN SUGERIDOS A PARTIR DEL CAPÍTULO 10:

Estas son las acciones recomendadas para este capítulo

1. Haz una lista de cómo tu empresa podría usar el Messenger de Facebook y de qué tipo de contenido (fotos, videos, etc.) se podría enviar a los posibles clientes. Familiarízate con la interfaz de la página web del Messenger de Facebook en *www.messenger.com*.

2. Consigue un número de teléfono alternativo que se pueda usar para WhatsApp y empieza a promocionarlo en todas partes.

3. Empieza a usar WhatsApp, especialmente con tus clientes más leales, y empieza a probar enviando mensajes de audio, porque pueden ayudarte a comunicarte con tus clientes de una manera más rápida y a generar más confianza con los usuarios.

¿Estas interesado en contratarme para tu próxima conferencia?

Estoy especializado en ayudar a las empresas y organizaciones para que entiendan y puedan implementar mejor las recientes estrategias de marketing digital y marketing en las redes sociales. Normalmente el público se marcha de mis talleres y seminarios sintiéndose inspirado y habiéndose divertido, además, han aprendido muchas técnicas útiles y fáciles de entender y de implementar.

He dirigido cursos de formación y talleres para empresas y organizaciones pertenecientes a diferentes sectores e industrias e impartido charlas en los Estados Unidos, Inglaterra, España, Finlandia, Estonia, Lituania, Colombia, Honduras, Guatemala, Bolivia y el Caribe.

Si quieres comprobar mi disponibilidad para tu próximo evento o si tienes cualquier pregunta, por favor mándame un email a *lasse@lasserouhiainen.com*.

Así mismo, si estás interesado en nuestro curso online recuerda suscribirte en *www.101fb.es*

Comenta este libro en Amazon

Si este libro ha sido útil para ti, por favor dedica un momento a escribir un comentario en Amazon. Tus opiniones me ayudarán a mejorarlo para los lectores futuros.

Muchas gracias y buena suerte.

Lasse Rouhiainen

Puedes ponerte en contacto conmigo en *lasse@lasserouhiainen.com*.

74154141R00115

Made in the USA
Columbia, SC
31 July 2017